要領がいい人が見えないところでやっている50のこと

石川和男
Kazuo Ishikawa

あなたの周りに、こんな人はいませんか？

難しい問題でも迅速に
解決策を見つけられる
高い問題解決能力を
持っている人

スケジュール管理が得意で
プライベート時間も
確保している
自己管理能力の高い人

プレッシャーのかかる
場面でも冷静に対応し、
動じずに行動できる
落ち着いた人

限られた時間で
多くのタスクをこなす
効率的な人

重要な仕事を
先に片づけてしまう
優先順位をつけるのが
うまい人

困ったときに同僚や
上司から協力を得られる
コミュニケーション能力が
高い人

効率的に仕事を進め、優先順位がしっかりつけられ、コミュニケーションが上手で、問題解決能力が高く、自己管理もできて、いつも冷静に行動できる人。

そういう人のことをこの本では、「**要領がいい人**」と言います。

一方、「**要領が悪い人**」は、上記とは反対の特徴を持っています。

さらにつけ加えるなら、こんなことも挙げられます。

予定を守れない。

細かいことにこだわりすぎる。

計画性がない。

メモを取らないので大事なことをすぐに忘れてしまう。

不必要な情報を集めすぎる。

口だけで実際の行動が伴わない。

やるべきことを先延ばしにする。

フィードバックをしない。

自己管理ができない。
細かいミスが多い。
無駄な会議や議論が多い。
反省しない。
目的を見失うことが多い。
スキルアップを怠る……

「自分は要領が悪い人の特徴がいくつも当てはまる」と心配する必要はありません。不安になったり、自己否定をする必要もありません。

私も以前は、要領が悪い人でした。ここに挙げた要領が悪い習慣は、すべて私自身のことです。

しかし、ビジネス書を読みまくり、セミナーを受けまくり、要領がいい人のやり方を学び、実践して習慣化することで、今では9つの仕事を掛け持ちし、効率的にこなせるようになりました。

この本は、**私が見聞きして実際に取り入れ、実践してきた要領がいい習慣の集大成**です。要領がいい人が見えないところで何をやっているのか、50個のコツを集めました。

あなたも、この中から自分に合ったものを選び、もし要領が悪いやり方をしてきていたら、それを手放してみてください。

では、なぜ私がこのテーマで本を書けるのか?

それは、私自身が現在9つの肩書きを持ちながら、複数の仕事をこなしているからです。要領がよくなければ、9つの仕事をうまく回せません。

具体的には、建設会社の総務部長を本業に、税理士、明治大学の客員研究員、ビジネス書著者（累計30冊）、人材開発支援会社の役員、一般社団法人 国際キャリア教育協会の理事、セミナー講師、時間管理コンサルタント、オンラインサロン主宰など、多岐にわたる仕事をしています。

これだけ聞くと、毎日仕事漬けのように思われるかもしれませんが、そんなことはありません。プライベートも充実しており、セミナーやパーティーに参加したり、家族とドライブに出かけたりしています。さらに、週3回の岩盤浴でリフレッシュするなど、休息も大切にしながら毎日楽しく過ごしています。

ただし、これを実現するには、ひとつだけ条件があります。

それは、仕事を要領よくこなすことです。

要領よくできなければ、他の仕事に影響が出たり、パーティーをキャンセルしなければならなくなったり、最悪の場合、睡眠時間を削る羽目になってしまいます。

そのため、「どうやったら効率よく仕事を終わらせられるか」を常に考える習慣が身についています。

それでは、月に1回の役員会や理事会の業務を除いたメインの6つの仕事を、どのように効率よくこなしているのか、またどんな仕組みを作っているのかをお伝えします。

メインである建設会社の仕事は、平日月曜から金曜の、朝8時30分から夕方5時まで。大学での講義は、火曜と金曜の夜19時から行っているため、その日は建設会社での残業はできません。午前中に優先順位の高い仕事を終わらせて、部下に仕事を任せ、後回しにできる仕事は次の日に回します。部下との打ち合わせも時間を決めて手短に行い、定時に会社を出て大学に向かいます。

移動は在来線のグリーン車を利用します。片道30分で８００円の出費ですが、必ず座ることができ、その時間に講義の予習をすることができるので、要領よく時間を使うことができるのです。また、建設会社での仕事を終えた後、混雑したデッキに立ち続けると、疲れて講義のパフォーマンスも低下してしまいます。座って移動することで、集中とリフレッシュの両方ができます。お金を使ってでも、自分のパフォーマンスを最大限に引き出す工夫をして、要領よく過ごしているのです。

セミナー講師や時間管理コンサルタントを始めたころは、有給休暇や早退で対応していました。

「明日はセミナーをするのでお休みをいただきます。ご迷惑をおかけします」「今日は午後からコンサルがあるので早退します。申し訳ありません」と謝る度に、ネガティブな気持ちになって会場に行くことになり、最高のパフォーマンスが発揮できないと感じました。

そこで考えたのが、セミナー業務を会社の事業の一環にすることです。

当時、私は課長に昇進したばかりで、まだ大きな決裁権を与えられていません。そこで常務取締役と交渉し、「本業である建設の仕事に支障がなければ、セミナーをしに行くことを認める」という承諾を得ました。

その結果、今では堂々と全国でセミナーを行っています。

ただし、以前は講演料がすべて自分の収入になっていましたが、今では約半分を会社の売上に計上しています。それでもいいと思っています。こうすることで、会社も利益を得られ、私は堂々とセミナーを開催できるというウィンウィンの関係を築けたからです。

サラリーマンをしながらの税理士活動は、さすがに無理だと思うかもしれません。しかし、実際に独立した事務所を持っています。

どうやって両立をさせているかというと、申告業務や書類作成などの実務はそれが得意な税理士に任せ、私は経営者や経理部長と話すなどコミュニケーションに注力する分業体制をとっています。書類作成が得意な税理士と、対話が得意な私がそれぞれの強みを活かして協力し合い、仕事を要領よく進めているのです。

執筆は、朝の時間を活用しています。出版が決まると、朝5時に起きて出社準備をする8時まで原稿を書き続けます。朝の時間の過ごし方については、後で詳しく説明しますが、効率的に作業を進めるために最適な時間帯です。

9つの仕事をしていると言うと「私には無理！」と思い込む人が多いのですが、要領がいい仕組みづくりをすることで可能になります。

本書では、私が実際に経験してきた、誰にでも簡単にできる「要領がよくなる方法」をお伝えします。

少しでも多くのスキルを身につけて、今後のあなたの生活や仕事に役立てていただければ幸いです。

石川和男

第2章 要領がいい人の限られた時間の使い方

第3章 要領は「やめる・捨てる・あきらめる」で一気によくなる

第4章 要領がいい人なら誰でもやっている円滑コミュニケーション

第5章 要領をよくするための環境整備

第6章 問題解決能力を磨けば要領はよくなる

第7章 要領磨きの前に自己管理

第1章

要領がいい人の爆速行動力

Quick on the uptake

01

最初の努力が一生の仕事能率を決める！ヒゲの永久脱毛仕事術！

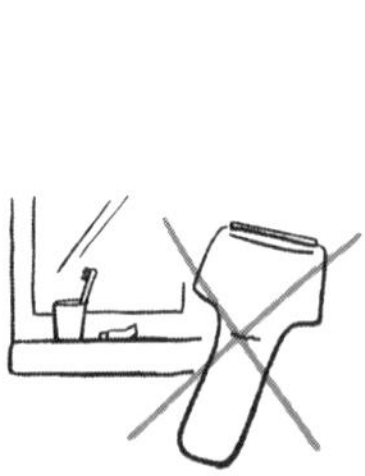

建設会社に内定が決まった大学4年の秋、私は、入社するまでマナー本を読みあさりました。挨拶の仕方、敬語の使い方、名刺の差し出し方、タクシーでの席次など、知らないことばかり。学生時代に意識していなかったことを一気呵成に学びました。**社会人には必須、そして永久に必要な常識**だと思ったからです。

「ご苦労様です」「さすがです」「了解しました」……

一見すると正しそうな言葉も目上の方には使ってはいけないことを本を読むことで学んでいきました。

経理部への配属が決まると、建設業簿記の勉強を始めました。初心者が独学で簿記の勉強をするのは大変でしたが、今まで知らなかったことを知ることができる。**昨日の自分とは違うレベルアップした自分になれる**。日々成長していく有意義な時間でした。

仮に、総務部に配属なら社会保険労務士や法律の勉強を、営業部なら営業スキルや会話術の本を読んでいたでしょう。無計画ではなく、配属先が決まったことで、その道の専門性を高めるための勉強をしたのです。目的もなく闇雲に勉強するのは要領が悪い方法です。配属先に合わせて、計画的に勉強をしたのです。

入社当初は実務経験がない分、専門的能力を磨きました。予習のおかげでマナーや会計の基礎は教わる必要はなく、会社独自の決まり事や慣習を聞くだけで済みました。そして仕事に必要な建設業簿記、日商簿記、宅建の勉強を始めました。要領よく仕事をこなし……

……なんて言えたらよかったのに。本当の私は、要領が悪い、ダメダメ新入社員でした。

その反省で、「ぜひこうしてほしい」という理想型を、ここまで述べました。

実際に私が奮起して勉強を始めたのは、新卒で入った建設系ブラック企業で現場社員に「使えない経理」として邪険に扱われる中で、これじゃダメだと思ったところから。かなり回り道をしてしまいました。

勉強を始めたのは、本当です。当時は、ユーチューブやオンライン学習もなく、音声のみのカセットテープが自宅に送られてくるだけ。そんな時代に、難易度の高い資格を取るのは大変でした。でも、追い詰められて一気呵成に勉強しまくることで、特殊な会計や税法にも詳しくなり、上司や先輩から聞かれる立場になり、一目置かれる存在になりました。

そして一度知識を身につけてしまえば、悩む時間も減り、それ以降は要領よく仕事をすることができました。

今、私の友人である一流ビジネスパーソンの間では、「ヒゲの永久脱毛」が流行っています。毎朝のヒゲ剃りは手間がかかり、時間の無駄。脱毛は最初こそお金と時間がかかります。しかし、一度完了すれば、朝の忙しい時間にヒゲを剃るという全く生産性のない習慣から永遠に解放されます。面倒な処理をしなくて済む要領がいい取り組みなのです。

仕事も同じです。医療事務に就職が決まったら医療事務試験の勉強をする。不動産会社なら不動産鑑定士、土木なら土木施工管理技士……。

最初はお金も時間もかかります。

しかし、身につけてしまえば、ヒゲの永久脱毛のように後はラクです。当たり前な質問を上司にすることもないので「飲み込みが速くて要領がいい人だ」と思われます。

経理部なのに仕訳の基本が理解できず、先輩の指導をただ丸暗記するだけで、何度も質問する要領が悪い人。建築部に所属していながら、半端な勉強で1級建築施工管理技士の試験に毎回落ち続けているため責任のある仕事を任されず、給料も上がらない残念な人。

そんなふうになりたくないですよね。

その仕事をすると決まったら、必要なスキルをいち早く身につける。一気呵成に取り組めば、そのあとはラクです。要領よく対応することができるのです。

Quick on the uptake

02

要領をよくするためには
1日「35000回」もの
「〇〇」を
ひとつでも減らせ！

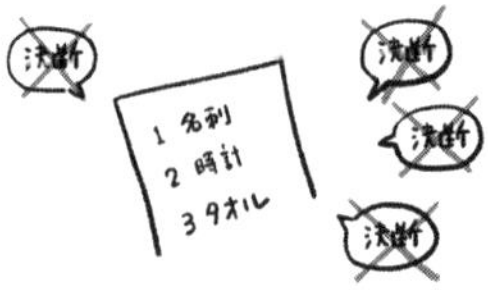

私は、セミナーの準備をするとき、「ネクタイに、今回は2泊なので靴下は2足、レジュメ、ああ、それから税理士バッジを……」と頭の中で思い浮かべながら準備することはありません。代わりに、必要な物を事前にリスト化しています。

例えば、1．名刺　2．置き時計　3．タオルなど、すべてA4の用紙にまとめ、準備のたびにコピーして使っています。あとは、用意ができたものから番号に赤丸をつけていくのです。状況によって必要のないものもありますが、それも番号に赤丸をつけます。

出発ギリギリまで使うスマホや充電器は、青のマーカーで目立たせておき、直前にリストを再確認してカバンに入れて準備完了。これで、忘れ物はなくなり、忘れ物はないかと不安になることもありません。リストを見ながら機械的に準備を進めるので、時間も節約できます。

さらに大きなメリットは、**頭を使わずに済むこと**です。今日は暑いからタオルを持っていこう、今回はこれが必要だ、あれもいるかも……といった考えは、決断の連続です。たとえ小さな決断でも積み重ねると脳に負担がかかり、重要な決断をするときの妨げになってしまいます。

アップルの共同創設者である故スティーブ・ジョブズ氏は、毎日黒のタートルネックとジーンズを着ていました。服を選ぶなどの日常の小さな決断を減らし、クリエイティブな仕事に集中するためです。バラク・オバマ元米大統領も、在任中はグレーか青のスーツを着て、決断の回数を少しでも減らしていました。フェイスブックの共同創設者マーク・ザッカーバーグ氏も、同様の理由で毎日グレーのTシャツを着ています。

心理学では「決断疲れ」と呼ばれる現象があります。これは多くの決断を繰り返すことで疲れがたまり、次第に判断力が低下してしまう現象です。これを防ぐためには、日常の細かい選択を減らすことが効果的なのです。

人は1日に約35000回の決断をしていると言われています。多くは無意識下で行われていますが、食事の選択から仕事の優先順位、日常の些細な事柄まで含まれます。こうした決断を連続で行うと、意思決定の質やスピードが落ち、疲労感を感じるようになります。

イスラエルの刑務所の仮釈放審査に関する研究では、午前中に行われた審査では仮釈放が認められる率が高いのに対し、午後はその率が劇的に低下しました。これは、審査官が一日中決断を下し続けることで疲労し、午後になるとリスクを避けるために「現状維持」（すなわち、仮釈放を拒否する）という選択をしてしまうからだと考えられています。

ビジネスの世界でも、このような状態のときに、重要な意思決定が絡んでくると、正常な判断ができなくなります。そこで日常の決断を減らすことで、重要な決断に集中するためのエネルギーを温存するのです。そのために、**日々の業務をできるだけルーティンワーク化し、決断回数を減らすことが有効**なのです。

私も「決断疲れ」を防ぐために、決断を減らす仕組みづくりをしています。

前述したセミナーの用意だけではなく、会社で行うルーティンワークも同様にA４用紙に書き出し、その都度コピーをして使っています。

1．スケジュール確認　2．株価動向　3．メールチェック　4．入出金明細確認……

など、ルーティンワークが増えれば書き足して、不要になれば削除しています。

決断を減らす仕組みを作ることも要領がいい人の習慣なのです。

Quick on the uptake

03

「思い立ったが吉日」か「石橋は叩いて渡る」べきか？

失敗しない行動力！

仕事は即座に取りかかることが大切です。悩んだり、考え込んだり、迷っている時間を減らして、すぐに行動することがポイントです。要領がいい人は、迅速に動くことで仕事をどんどん片づけていきます。

人は、「嬉しいと感じて笑顔になる」「安心してホッとため息をつく」「不安を感じて爪を噛む」など、このように**通常は感情が先に来て行動が後に続きます**。

しかし、**予想外の出来事に対しては、行動が先で感情が後に続く**こともあります。

心理学者のウィリアム・ジェームズ氏とカール・ランゲ氏が提唱したジェームズ＝ランゲ説によると、例えば、バスケットボールのスリーポイントシュートが決まってガッツポーズをしてから、喜びを感じる、角を曲がった瞬間に犬に吠えられ飛び上がってから、驚くといったように、行動が先に起こり、その後に感情が生まれる場合もあります。

そこで、毎回面倒に感じる仕事や大変なタスクも、「やりたくない」と感じる前に、素早く取り掛かる。悩んだりためらったりせず、**負の感情が湧き上がる前に、行動する。そうすれば、仕事は効率よく片づいていきます**。

ただし、注意が必要なのは、何でもすぐに行動すればいいわけではないということです。

速い行動が失敗につながることもあります。その典型的な例が「オレオレ詐欺」の被害です。焦って決断せず、家族に相談したり、本人に確認していれば、被害を防げたはずです。慌てて行動したことで、大きな損失を被ることになったのです。

会社でも同じです。「めったにないチャンスだ」と飛びつくと、後悔することがあります。おいしい話に飛びついた結果、詐欺に遭うこともあるのです。

以前勤めていた建設会社での話です。埼玉県を中心に工事をしていた当社に、初めて東京都から大きな工事の依頼がありました。受注額も大きく、その年の売上目標を一気に達成できる案件でした。

景気が悪く会社は赤字が続いていたため、すぐに受けたい気持ちになりました。しかし、初めての工事で、黒字になるか赤字になるかわかりません。そこで、即答せずに、この工事のメリットとデメリットをリスト化し、可視化することを会社に進言しました。

例えば、今まで経験のない種類の工事だが、新しい事業に取り組むために何人の技術職員が必要か？　待機している職員が減るメリットは？　待機が減っても技術者が不足で次の工事が受注できないデメリットは？　工期までの資金繰りは問題ないか？　協力してくれる下請け会社がこの時期に確保できるか？　こうしたポイントを整理して検討していきました。

メリット、デメリットを紙に書き出すことで、問題の所在がハッキリします。そして、頭にあることを「見える化」することで、チームで共有し相談できます。「決断力」とは、正しい判断が速くできる能力です。行動スピードだけ上げても、それ自体が間違えていると、やり直しや損失が生じます。

沖縄旅行に行くのに、速攻で電車に乗り込んだら青函トンネルで函館に行ってしまったようなものです。行動はしているけど、意味のない、いやむしろ目的から離れてしまっています。とはいえ、行動スピードが遅いとライバルに先を越されたり、機会損失になるかもしれません。だからこそ、紙に書き出して、正しく速い判断をすることが重要です。

以前からしていることは「思い立ったが吉日」、速攻で取り組む。初めてのことは「石橋を叩いて渡る」、そして正しい決断を慎重に行ったら速攻で取り組む。これが要領がいい人がやっている方法なのです。

Quick on the uptake

04

ノートを使った視点革命！
虫の目を捨てて
鳥の目を使う！

朝イチで部下の相談に乗り、メールの返信やチャットの確認、落ちているゴミを拾い、書棚や机を整理し、日経新聞に目を通し、書類をファイリング、同僚と雑談してから、やっと企画書の作成に取りかかる……。

目に入る仕事を次々に片づけていくと、仕事はどんどん進みます。そして完璧に終わらせ、定時で退社して友人と飲みに行く。理想的な働き方ですよね。

ただ、この働き方が成り立つのには、条件があります。

それは、その日中に片づけられる仕事量の場合に限られるということです。

SNSの返信、打ち合わせ、商談、整理整頓をこなし、上司に頼まれた企画書を1時間かけて作成し、16時30分に提出。定時まではネット記事を読みながら過ごす。

もし、仕事量が少なく、どの仕事から始めても定時に終わらせられるなら問題ありません。優先順位をつける必要もありません。

しかし、そんな余裕があったのは新入社員のころぐらいです。少なくとも、この本を読んでいるあなたは、たくさんの仕事を抱えていると思います。

その中で、どの仕事を優先するか、どれを後回しにするか、どれを部下に任せるか、上司に相談するか、同僚と協力するか、さらにはやらない仕事を決めるかといった、要領がいい選択をする必要があります。

目についた仕事からやっていたら、肝心で重要な仕事が後回しになります。掃除や雑多なことばかり気にしていたら、大きなプロジェクトになど集中できません。

よく「虫の目」「鳥の目」と言いますが、「虫の目」とは、ミクロな視点で物事を捉え小さな部分や細かいところに注目して観察や分析をすることです。時間に余裕があれば、こうした細部にこだわった仕事の進め方でも問題ありません。

一方で、仕事量が多くて定時に終わらない場合は、優先順位をつける必要があります。そこで役立つのが「鳥の目」です。「鳥の目」とは、空を飛ぶ鳥のように高い視点から全体を見渡し、大きな流れや全体像を把握して物事を判断する視点です。

目についた仕事を片づけるのではなく、まず全体像を把握することが大切です。

私は、やるべきことをすべて一か所に書き出して「完全見える化」しています。使っているのはB5サイズのノート。なぜノートなのかというと、手書きはキーボードで打つよりも記憶の定着につながり、さらには思考を整理したりアイデアを広げるのにも役立つからです。ノートには、その日にやることをすべて書き出します。両開きで70項目までリストアップできます。

ただし、ルーティンワークについては、あらかじめ用意したA４用紙のリストをコピーして使用しています。毎日同じことを書いていたら、かえって要領が悪いからです。

ノートに書いたタスクを「鳥の目」で俯瞰すると、重要な仕事や緊急性のある仕事、今日やらなくてもいい仕事、部下に任せられる仕事、専門家に依頼する仕事かどうかが大局的に見えてきます。これにより、優先順位や作業の順番を戦略的に決めることができます。

例えば、重要な仕事をしているときに「ＰＣの整理をしなきゃ」「銀行にメールしないと」と思っても、すぐにそれには取り掛からず、ノートに「ＰＣ整理」「銀行メール」と書き留める。目の前にある重要な仕事を中断してしまうと、その仕事に集中できなくなるからです。

仕事だけではなく、私用でも「帰りに牛乳を買わなきゃ」と思ったら、その場でノートに書き込みます。牛乳のことを頭に浮かべながら仕事に集中するのは難しいからです。

要領がいい人は、全体を俯瞰して行動します。これは**生まれつきの能力ではなく、やることを一か所にまとめるだけです。センスではなくテクニック**なのです。

Quick on the uptake

05

行動できない人は
これを決めると動き出せる！

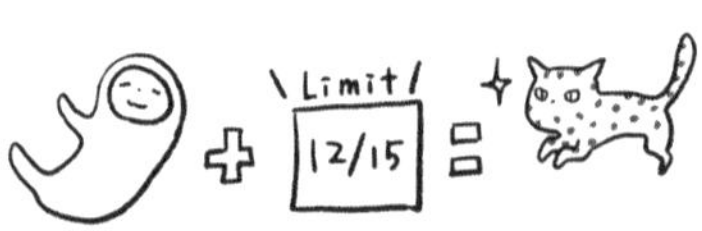

これまでに私は、時間管理だけでなく、勉強法、ノート術、テレワーク、コミュニケーション、ＰＤＣＡ、伝え方、リーダーシップなど、さまざまなテーマで本を書いてきました。

その中で、どの本にも共通して強調している大切なポイントがあります。

それは「**期限を決める**」ということです。

期限があると人は集中力を発揮します。普段はのんびりしている「ナマケモノ」のような人でも、タイマーをセットした途端に、まるで俊敏な「ヒョウ」のように動き出します。

例えば、何度言っても部屋を片づけない兄弟に「10分で机の上をどちらがきれいにできるか競争しよう！」と言って、タイマーをスタートした瞬間、急に勢いよく片づけを始めるのです。

気が進まない仕事でも、「○日までにお願いします」と得意先に期限を設定されると、その日までに終わらせようと行動を始めます。

出社は、始業時刻という究極の期限があるからこそ、遅刻しないように準備するもの。

このように、**期限には行動を起こさせる不思議な力が宿っています**。何か行動を起こすためには、期限を設けることがとても重要なのです。

決算書の提出には締め切りがあります。客先への企画書や社内のプレゼン資料も同様です。こうした仕事は、締め切り日、つまり他者が決めた期限があるため、要領が悪いに関わらず、その期限までに終わらせることができます。

問題なのは、期限がはっきりしていない重要な仕事です。要領が悪い人は、ラクな仕事や簡単な作業を優先して行い、手間がかかる大変な仕事を後回しにしがちです。

要領がいい人は、**期限がない仕事でも、自ら期限を設定**して行動に移します。

また、期限がある仕事でも、締め切り間際に取りかかるとミスが起きやすくなります。

例えば、税務署に提出する決算書には期限があり、その日までには終わらせる必要がありますが、ギリギリで取り組むと会計処理のミスが起きたり、いい節税方法があっても時間が足りずに対応できないことがあります。

では、どうするか？

終わりの期限だけでなく、スタートの期限も決めるのです。大きなプロジェクトだと、大変で面倒なため、なかなか始められないので、いつから始めるかを具体的に決めることが大切です。

例えば「明日の朝10時から取りかかる」と決めておくと、それまでに銀行に提出する書類も作成し終える必要が出てきます。こうして、スタートの期限を決めることで、他の仕事にも期限が設定され、一石二鳥の効果が得られるのです。

日々の業務も、前述のノートを使って「見える化」すれば、すべてのタスクを把握して、どの仕事をいつ始めるか計画を立て、効率よく進める戦略を練ることができます。

さらに、期限を周りに宣言する。計画を**人に伝えると、実行しなければならないというプレッシャーと責任感が生まれます**。これを心理学では「行動宣言効果」と呼びます。

朝のミーティングでお互いに宣言し合えば、行動力のあるチームに変わっていきます。

期限は人の集中力を引き出します。意図的に期限を設けることで、行動に移しやすくなります。要領がいい人は、**終わりの期限だけでなく、始める期限も決めることで、そのタスクに集中し要領よく仕事を進めることができる**のです。

Quick on the uptake

06

忙しそうで有能に見える
マルチタスクをする人が
残念すぎる理由！

シングルタスクとマルチタスク、どちらが効率的でしょうか?

多くの人は、ひとつの作業に集中するシングルタスクよりも、複数の作業を同時に進められるマルチタスクのほうが効率的だと思いがちです。

「私はマルチタスクが得意です」と言う人や、「同時にいろいろな仕事をこなせる」と自慢する人もいます。こうした人たちは、周りから「仕事ができる人」という印象を持たれることが多いです。

しかし、実際にはどうでしょうか? 例えば、シングルタスクでは重要な企画書を作成するとき、その作業だけに集中します。その間、チャットの返信や他の仕事は行わず、企画書の内容に集中するので、質が高くミスも少なく、無駄な時間を使わずに短時間で仕上げられます。

一方、マルチタスクの人は、企画書を作りながらコーヒーを淹れたり、同僚と雑談したり、メールやネットニュースを見たりしてしまいます。その結果、集中力が途切れ、生産性が下がってしまいます。

「この企画書を終えるまでは、他のことは一切しない!」と決めて、シングルタスクに集中するだけで、効率よく時間を使えます。

実は、人が最も幸せを感じるのは、何かに没頭しているときだという研究結果もあります。この現象は「**フロー体験**」と呼ばれ、心理学者のミハイ・チクセントミハイ氏が提唱したものです。あなたもこのような体験をしたことがありませんか?

①完全な集中	仕事や趣味、遊びに夢中になって、他のことが全く気にならない状態のことです。 私はマンガ喫茶に行くと、フリードリンクがあるにもかかわらず、飲み物に手をつけずにマンガに集中してしまいます。気がつくと、グラスの中の氷は溶けてしまい、グラスには水滴、アイスコーヒーは薄くなったまま残っています。
②時間の感覚の変化	あっという間に時間が過ぎてしまっている状態のことです。 私は家族とカラオケを楽しんでいて、室内の電話音が鳴り「延長しますか」と店員さんに言われ、まだ1時間ぐらいしか経っていないと思っていたら2時間も経過していたことに驚いたことが何度もあります。
③自己意識の喪失	目の前のことに集中して、人の目や周りのことが気にならない状態のことです。私は電車で推理小説を読んでいると、物語に夢中になり、周囲の状況が気にならなくなります。その結果、ときどき降りる駅を通り過ぎてしまうことがあります。

私のような体験をしたことがある人は、それがまさしくフロー体験です。「他のことが気にならない」「時間があっという間に過ぎる」「周りの状況が入ってこない」など、**フロー体験に入ると、人は深い満足感や充実感を感じます**。

これが「幸せだ！」と感じる理由です。

チクセントミハイ氏の研究によると、スポーツや音楽、勉強、仕事など様々な分野でフロー体験が見られ、それが人々の幸福感を高めると言われています。

一方、マルチタスクとは、複数の仕事を同時にこなすことを言います。しかし、実際には企画書を作成しながら、チャットやラインを確認したり、部下の相談に乗るのは不可能です。同時に行っているわけではなく、脳が「企画書作成→チャット確認→ライン確認」と、ひとつの作業から別の作業へスイッチを瞬時に切り替えているだけなのです。

スタンフォード大学の研究では、**マルチタスクを頻繁に行う人は、重要な情報を見つけられず、注意散漫になり、作業の正確性が低下して、ミスが増える**と報告しています。

一度に多くのことができ、要領がいいと思われているマルチタスク。実は典型的な要領が悪い方法なのです。**シングルタスクで一点に集中することが重要**です。

07

Quick on the uptake

日本版ポモドーロ！14分集中して仕事を効率化する方法

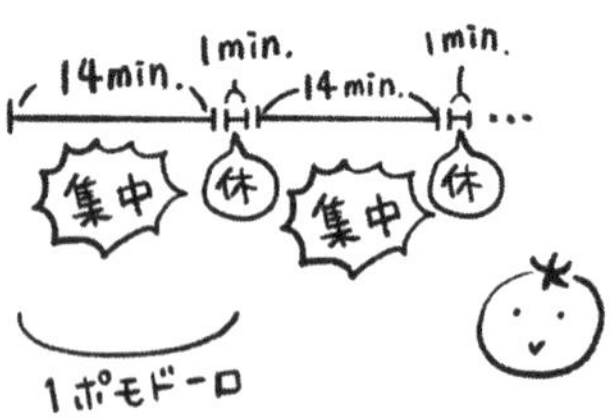

時間効率のテクニックに、フランチェスコ・シリロ氏が大学生時代に考案した「ポモドーロ・テクニック」があります。この方法では、25分間作業に集中し、その後5分間の休憩を取るというサイクルを繰り返します。

作業中の25分間は、雑談やメールの確認はもちろん、お茶やコーヒーを飲むことも禁止し、余計なことをせずに完全に集中します。これにより、作業に没頭し「フロー状態」に入ることができるのです。

前述したようにフロー状態とは、ある作業に完全に没頭し、集中している状態のことを指し、次のような効果があります。

高いパフォーマンスの発揮	フロー状態に入ると、作業の効率と質が向上します。これは、集中力が高まり注意散漫になりにくくなるためです。スポーツ選手やミュージシャンを対象とした研究でも、フロー状態に入ることでパフォーマンスが向上することが確認されています。
創造性が向上	フロー状態に入ると、創造力が高まり、新しいアイデアや解決策が生まれやすくなります。
満足感と幸福感が増加	フロー状態に入ると、人は達成感や自己実現能力が高まり、強い満足感と幸福感を感じることができます。

ポモドーロ・テクニックはひとつのことに集中するための方法で、フロー状態に入りやすいとされています。

欧米の企業では、社員が自分のペースで仕事を進められる環境が整っており、自己管理が重要視されています。ハリウッド映画でよく見る、仕切りのあるオフィスレイアウトがその一例です。このような環境である欧米企業では、ポモドーロ・テクニックを取り入れやすいですが、日本の職場環境では実践するのが難しい場合もあります。

なぜなら、日本では全体のペースや周囲との連携を重んじる文化があるからです。

多くの職場がオープンなオフィス環境で、上司からの指示や部下からの質問、同僚とのやりとり、電話やお客様対応が頻繁にあります。そのため、25分間集中して作業し、5分間休憩を取るポモドーロ・テクニックを実践するのが難しいのです。特に、5分間の休憩を取っていると「さぼっている」と思われます。

そこで私は、ポモドーロ・テクニックの考え方を取り入れつつ、日本の職場環境に適した方法に変えてみました。いろいろな時間配分や休憩を試した結果、最適なサイクルは「**14分間集中して1分間休憩を取る**」というものです。このサイクルなら、日本のオフィスでも無理なく実行できます。1分間の休憩時間に、メールなどのSNSの確認や「やることノート」を見て次の仕事の計画を立てるなど、細かいタスクをこなすことが可能です。

もちろん、会社の理解があれば「30分集中して5分間休憩を取る」や「1時間頑張って10分間休憩する」といった方法も問題なく実行できます。詳しくは後述しますが、当社では通常は「14分間集中して1分間休憩を取る」サイクルで仕事をしていますが、午前中の1時間だけ全員が集中して取り組む時間を設けており、その間は話しかけないというルールを導入しています。この方法で、仕事の効率がさらに上がっています。

さらに、1時間に1~2回、目を閉じて休憩を取ることも取り入れています。パソコン作業が多いため、目の疲れをリセットし、次の仕事に集中する準備をすることが大切だからです。何度も5分間休憩を取るより、この方法が日本の職場環境では実践しやすく、効果的です。

14分という短い集中時間を設けることで、効率よく仕事が進められるようになります。

第2章

要領がいい人の限られた時間の使い方

Quick on the uptake

01

最後のピースを見逃すな！仕事を完了させるための段取り術

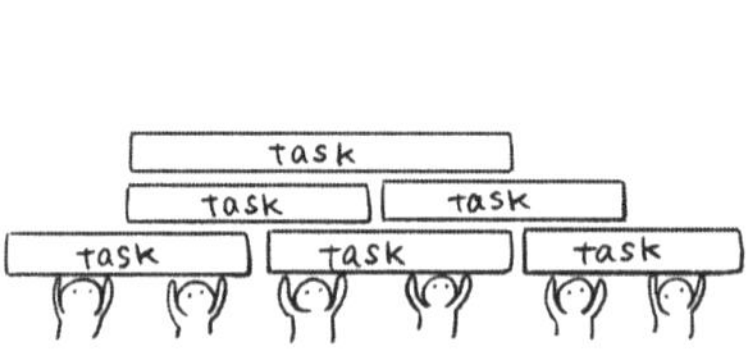

コロナ禍の影響で、日本の建設業界でも一時的に問題が発生しました。特に2020年初頭、中国での感染拡大により工場が閉鎖され、生産が止まったことで、中国からのトイレ部品の供給が遅れ、工事の進行にも影響が出たのです。建物のほとんどが完成しているのに、トイレだけが間に合わず、客先に引き渡せない事態になりました。人気の行楽地でトイレ待ちをするのは仕方がないとしても、楽しみにしていた新しいマイホームに「トイレ待ち」で入居できないなんて、想像もできませんよね。

仕事でも、「あと一歩」というところで、最後のピースがそろわずに進まないことがあります。

例えば、あとは部長の承認があれば客先に商品を渡せるのに、部長が1週間の出張で不在。資金繰りの相談をしたいのに、財務課長が休暇中で話ができない。午後から部下と一緒に大量の書類をチェックする予定だったのに、部下が午後から早退。1週間前に早退届が出ていたのを忘れていて、結局、自分ひとりでやる羽目になる。

このような状況になったことはありませんか？

1日の労働時間が8時間だとして、どの順番で仕事を進めるかが重要です。個人の仕事を先にするか、チームで進める仕事を優先するか。もちろん集中力が高まる午前中に、誰とも話さず重要な仕事に取り組むことは大切です。しかし、チームで仕事をしている以上、上司や同僚との連携が必要で、それがないと進まない仕事もあります。

そのような場合は、**段取りだけでも最優先に考えるべき**です。


手伝ってほしいときに、相手がすでに別の仕事で手が空かなかったり、休んでいたりすることもあります。そのため、事前に協力をお願いしておくことが大切です。アポを取っておかないと、他の人との予定が入ってしまうかもしれません。たとえその時間が無理でも、「2時間後なら大丈夫」といった提案をもらえることもあります。


ひとりでできる作業を優先して、最後に他の人の協力が必要なタスクを残しておくと、**その人がいないと仕事が終わらない事態になり、要領が悪い**と思われます。要領がいい人は、**まず仕事の全体像を把握**します。そして、**ひとりではできないタスクを把握し、事前に段取りを組み、逆算して必要な人に予定を伝えておく**のです。

「A課長、14時に仕上がる予定ですので、そのときに確認をお願いします」

「Bさん、現在書類を作成中です。15時からデータ分析をお願いできますか？」と事前に伝えておくことで、安心して仕事を進めることができます。

さらに、「14時までに」「15時までに」という期限が生まれるため、その時間までに終わらせようと、集中して作業を進めることができ、一石二鳥です。

今の時代、コロナやインフルエンザなどで突然、しかも長期間休むことが増えました。そのこと自体は誰も責められません。大切なのは、そういった事態に備えて、前もって準備をしておくことです。

業務に役立つ「知識・経験・ノウハウ・事例」を誰でも活用できるようにすることを「ナレッジ共有」といいます。これらを共有しておくことで、特定の人がいなくともスムーズに仕事が進みます。そのためには、**ひとりにしかできない仕事をなくして、少なくとも2人以上が同じ仕事をこなせる体制を整える**ことが大切です。

また、決裁権も2人のうちのひとりが承認できるようにしておくと、業務をスムーズに進めやすくなります。

Quick on the uptake

02

本試験のように仕事に取り組み奇跡を起こせ！1時間集中時間術

時間がたくさんあっても、必ずしも効率よく仕事ができるわけではありません。大切なのは、集中できる環境です。

例えば、1時間あっても50％しか進められない人がいる一方で、20分で80％進められる人もいます。これは、その時間をどれだけ集中して使えるかによるからです。もし1時間与えられても、ダラダラ過ごしてしまえば、あっという間に時間は無駄に過ぎてしまいます。

高校や大学受験の本番を思い出してください。「では、始めてください！」と試験監督が言ったあとに、スマホでネットを見たり、ラインの返信をしたり、コーラを飲んでガムを嚙みながら隣の人とおしゃべりをするなんて、絶対にしませんよね。1点でも多く取るために、試験問題に全力で集中します。

私が受けた税理士試験は制限時間が2時間でしたが、「あと5分あれば……」「もっとテキストを読み込んでいれば……」と小さな後悔を感じながら、あっという間に2時間が過ぎ去っていきました。つまらない映画やセミナーだと、2時間がとても長く感じますよね。でも「合格したい！」と本気で取り組んでいる試験の2時間は、あっという間に過ぎてしまいます。それだけ集中して全力で取り組んでいるからです。

仕事でもそんな極限までに集中する時間を意図的に作ってみてください。**1時間だけでも本試験に挑むつもりで集中してみる**のです。

私は先延ばしにしていた大変な仕事があるとき、1時間だけ集中して取り組むと決めます。その間はネットも見ず、メールもチェックせず、飲み物を飲むのも控えます。事前に社内に集中することを伝え、緊急でない質問は控えてもらい、電話も取り次がないようにお願いしておきます。

11時にスタートして12時まで、本試験のつもりでタイマーを1時間にセットし、昼休みのチャイムを試験終了の合図と見立てて全力で取り組みます。

もし周囲が騒がしくて集中できない場合は、会議室を予約して利用するか、許可を得てカフェや図書館など静かな場所に行って作業することもあります。

もしあなたがリーダーなら、チーム全体で集中して作業に取り組む「集中タイム」を提案してみてください。

この時間帯は、**チーム全員がそれぞれ何をするかを宣言し、終了後に進捗状況を報告し合います**。そうすることで、難易度の高い仕事にも取り組むことができます。

電話や来客の対応は、持ち回りで担当を決め、会話や雑談を禁止するルールを作るのも効果的です。私の会社では話しかけて集中を妨げる人を「デスク爆弾」と呼んでいますが、そういった人にもこの集中タイムをしっかり守ってもらうよう徹底します。

新入社員や若手社員で、まだひとりで業務ができず一緒に取り組む必要がある場合は、チームを組んで集中して仕事に取り組む。

例えば、「20分以内で書類を作成し、30分で過去5年分のデータを入力する」といった具合に、二人三脚で仕事を進めると、とんでもない力が発揮できます。「右腕」という言葉があるように、その名のとおり重要なサポート役として、1時間フル稼働してもらえます。

過去に本気で挑んだ試験のことを思い出してください。合格を目指し、**難しい問題にも全力で集中して取り組んだあの感覚**です。この感覚を活かして、**先延ばしにしていた面倒な仕事にも1時間だけ集中して挑んでみる**。

1時間を知らせるチャイムの向こう側には何とも言えない達成感が待っています。昼休みになるので楽しみなランチも待っています。

Quick on the uptake

03

朝時間の魔法！成功者はスタートダッシュで差をつける

アップルのCEOティム・クック氏は、毎朝3時45分に起き、メールの確認やトレーニングを行っています。スターバックスの元CEOハワード・シュルツ氏も4時30分に起きてエクササイズをしています。他にもヴァージン・アメリカ社の元CEOデイビッド・カッシュ氏、ウォルトディズニーの会長ボブ・アイガー氏など、世界の名だたる成功者の多くは早起きを実践しています。

日本でも、カレーハウスCoCo壱番屋の創業者である宗次徳二氏は、「早起きは百利あって一害もない」と断言し、30年以上毎朝3時55分に起き、街の清掃や顧客アンケートの確認、礼状の作成などを行っています。ファーストリテイリングの創業者である柳井正氏も早起きを習慣とし、朝の時間を使って1日の計画を立てることを大切にしています。『メモの魔力』の著者・前田裕二氏は新卒で証券会社に入社した際、毎朝4時30分に起き、マーケットが開く9時までの間に徹底的に下調べを行い、その後お客様に連絡を取っていたと言います。このように、早起きをしている成功者を数えあげたらきりがありません。

人類は平等に24時間与えられています。その24時間のうち、なぜ成功者の多くは朝の時間を活用するのでしょうか？　**それは朝時間が要領よく過ごせる時間帯**だからです。

その理由を裏付ける根拠として、私は次の5つが挙げられると考えています。

①集中力が高まる　朝は一番集中力が高く、頭もクリアな状態なので、効率よく作業を進めることができます。1日のスタートである朝は、まるで真っさらな状態のようで、判断の精度も上がります。

②邪魔が入らない　朝は、他の人がまだ活動していない時間帯なので、電話やメールなどの外部からの邪魔が入りません。朝5時に友人が突然訪ねてくることもないため、邪魔されることなく予定を進めやすいのです。やろうと思っていたことを朝一番で片づけてしまえば、その後の日中のスケジュールもスムーズに進めることができます。

③健康にいい影響を与える　詳しくは後述しますが、早起きは規則正しい生活習慣を促します。健康であることは、効率的に仕事をこなすために重要です。

④ポジティブなマインドセット　朝早くから活動すると、気持ちよく1日をスタートさせることができます。早起きすると、1日の始まりをポジティブに捉え、積極的な気持ちで過ごせます。

⑤生産性が向上する　早起きで、午前中が長く使えます。例えば、9時に出社していたの

に、早起きして7時に会社に着くと昼休みまでにより多くのことができますよね。

小学校のころの思い出ですが、夏休みに昼まで寝ているより、ラジオ体操に行き、そのまま宿題を片づけると、その後の時間を有意義に使えました。先手必勝！　同じ時間でも夜より朝のほうが濃く時間を使えるのです。日中に取り組めることが増えるため、全体的な効率も上がります。その結果、生産性が高まります。

堀江貴文氏など多くの著名人の書籍を手がけるベストセラー編集者、箕輪厚介氏。毎晩、深夜まで遊び回っているイメージがありますが、実は早寝早起き。遅くても12時には寝て、毎朝5時に起き、6時には仕事をしているそうです。6時から鬼のような集中力でスポーツのように全メールを返信し、キャッチコピーを考え、担当書籍の加筆修正を行う。集中力がいる仕事は15時には終わらせ、その後は打ち合わせや取材を入れるそうです。

集中力が高まっている午前中に重要なタスクを片づけ、その後は軽い作業に取り組む。まさに神時間術。

要領がいい人は、早起きしてスタートダッシュ！　早起きは効率がよく、生産性が向上し、時間を有効に活用できる究極の時間管理術です。

Quick on the uptake

04

科学も証明！ 朝の時間を要領よく活かして 最高の成功を手に入れる

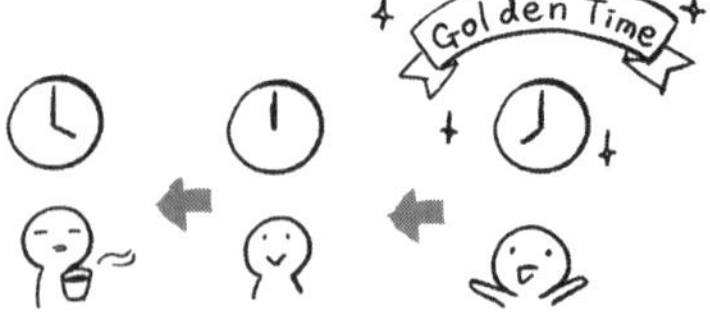

成功者のマネをして朝の時間を有効に活用し、人生が変わった私は、セミナーや講演で「早起き」をすすめています。

私は早起きして勉強することで、税理士試験に合格。建設業経理士1級に通信教育で合格。日商簿記2級、3級、宅建（宅地建物取引士）に独学で合格。

昇進するたびに、その立場に見合うスキルを習得。上司の読んでいる本を読み、上司の思考を考えることで、転職1年未満で課長に昇進もしました（創立以来最短記録）。

朝の時間で各種資格試験の合格、キャリアアップ、スキルアップ、転職先で飛躍するアイデアづくり、独立に向けての開業準備など、あらゆる目標を実現させてきました。自慢に聞こえて大変恐縮ですが、これらのことをお伝えするのは、早起きによって本当に人生が変わるとお伝えしたいからです。

ノースウェスタン大学ケロッグスクールオブマネジメント教授のマリアム・クーシャキ氏は、数々の実験を通して、人間の心の状態は時間帯によって変わりやすいことを明らかにしました。特に、朝は理性的で道徳的な判断が優れており、これを「朝の道徳効果」と呼びます。

時間が経つにつれて集中力や自己制御力が低下しやすくなりますが、**朝の時間帯はまだ精神的な余裕があり、ポジティブに物事に取り組める**のです。

また、エバーハルト・カール大学教授のクリストフ・ランドラー氏は、「**朝型の人は夜型の人に比べて、より先を見通した行動を取る**ことができ、ビジネスにおいても成功する可能性が高い」と述べています。さらに、毎朝同じ時間に起床する人は、エネルギッシュで積極的な姿勢を持つ傾向があることも彼の研究で明らかになりました。

さらに、ハーバード大教授フランチェスカ・ジーノ氏とデンマーク国立社会調査研究センターのハンス・ヘンリク・シーバートセン氏、コペンハーゲン大学のマルコ・ピオベザン氏は、1日の時間帯が学生の学業成績に及ぼす影響を調べました。その結果、学校に登校してから時間が経つほど、試験の成績は下がっていったのです。

時間が経てば、脳が疲れ、身体も疲れます。夜ではなく、まだエネルギー満タンの朝に人生を変える行動をとることで、未来を制することができるのです。

このように朝時間を活用して人生を変えることに、さまざまな科学的根拠があるのです。

「でも朝起きるのが苦手で出社準備ギリギリまで寝てしまう」という人もいるかもしれません。では、**なぜ起きられないのか？　それは起きる時間にフォーカスしているから**です。

朝6時に起きて社会保険労務士の勉強をしようと思っても、寝る時間が23時、深夜1時、2時とバラバラだと、睡眠不足になり、起きることができません。たとえ、起きても眠気により最高のパフォーマンスを発揮できません。

それは**寝る時間を決めていないからです。起きる時間にフォーカスする前に、寝る時間を死守する**のです。

自分の適正な睡眠時間が7時間、起きるのが6時なら、23時に寝ることを死守する。そうすれば、自然に6時に起きることができます。

23時に寝るためには、帰宅後、食事をして、テレビを見て、子どもと遊んで、お風呂に入って……逆算していくと残業は1時間しかできない、そのために部下に任せる、無駄な仕事はしない、午前中に集中する、打ち合わせの時間は濃く議論するなど、要領がいい取り組みをするようになります。

朝の時間を活用して人生を逆転するには、同時に要領がいい取り組みが必要なのです。

05

Quick on the uptake

タイマーセットで生産性アップ！休憩もタスクの一部に

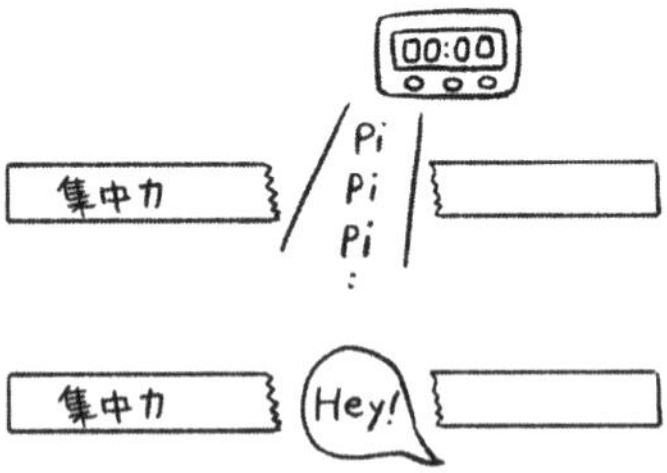

仕事に期限を設けるために、私はタイマーを使い、タイマーが鳴るまでの間、集中してタスクを進めています。使っているのは、バイブレーション機能付きの置き時計式タイマーです。

ストップウォッチだと「あと6分」「あと4分」と何度も確認してしまい、そのうち「あっ！2分過ぎている」と気づかぬうちに時間が経過してしまうこともあり、時間管理には向いていないのです。さらに頻繁に時間をチェックすることで、かえって注意が散漫になります。

キッチンタイマーは、ひとりでの作業には便利ですが、職場で使うと音が鳴るたびに他の社員の集中を妨げてしまいます。

ミシガン州立大学のエリック・アルトマン氏の実験では、300人の学生がパソコン作業中に、他の画面を2・8秒間見せられて作業を中断すると、ミスが2倍に増えたことがわかりました。また、4・4秒間の中断では、ミスが4倍に増えました。どちらの場合も集中力を取り戻すのに30分かかったと報告されています。

このように、集中力はほんの少しのことで簡単に途切れてしまいます。そこで、私は音が出ない「バイブレーション機能付きのタイマー」を使って、自分だけが気づけるようにしています。

余談ですが、部下や後輩をすぐに呼び出すことは、チーム全体の集中力を下げてしまう原因になります。なぜなら、みんな「無」で待っているわけではありません。何かしらの作業をしています。急に呼び出されると、その作業を中断しなければならないのです。戻ってきたときには、どこから再開するかわからなくなり、最悪の場合、作業を最初からやり直すことになるかもしれません。呼び出す側は自分のペースでスムーズに仕事ができても呼ばれる側はペースを乱されてしまうのです。

ではどうすればいいか？「5分後に集合して」や「3時に集まって」といった形で、**少しだけ余裕を持たせて呼び出す**のです。そうすることで、呼ばれる側もリズムよく作業を進められ、さらに「5分後」という期限も生まれ、**その短い時間で集中して仕事を終わらせようとします**。

話を戻して、私の机の上には、たくさんのバイブレーション機能付きのタイマーが置いてあります。この仕事は15分で終わらせる、このタスクは30分で終わらせる、様々なタイマーで期限を決めて仕事をすることで、ゲーム感覚で行うことができます。

その他に、1時間に1回アラームが作動するようにセットしています。このタイマーは1時間ごとに休憩を取るためのものです。長時間集中して同じ姿勢でいると肩が凝ったり、パソコンを見続けることで目に負担がかかったりしてしまいます。そこで、1時間ごとに身体を伸ばしたり、目を休めたりするようにしています。意識していないと休憩を忘れてしまうこともあるので、タイマーが鳴ることで意図的に忘れないようにしています。

さらに確実に休憩を取るために、「やることノート」に「休憩」と書き込み、休憩を取るたびに赤丸をつけています。タイマーが鳴り、ノートにも書いてダブルチェックをしているので、休憩を忘れることはありません。休憩をタスクの一部として扱うことで、強制的に休むことができ、赤丸が増えるだけで嬉しくなり、幸せホルモンも出ます。そのため休憩しても罪悪感はありません。

ちなみにこのノートは自分だけが分かればいいので、休憩は「リフレッシュ（refresh）」の頭文字を取って「R」と書いています。他にも、課長は「K」、部長は「B」、現場パトロールは「GP」といった具合に、**自分が理解できるように短縮して書くことで、要領よくノートに書き込んでいます。**

Quick on the uptake

06

優先順位の高い仕事からやってはいけない

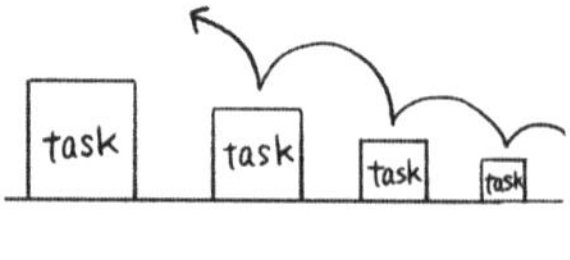

タバコは吸わないほうがいい、メタボなら痩せたほうがいい。

わかっていても、タバコはつい吸いたくなるし、食事制限もつらいものです。

それなら最初から無理をせず、タバコの本数を少しずつ減らしたり、炭水化物や糖質を徐々に控えたりするのが効果的です。出だしから無理をしてしまうと、精神的にも肉体的にも負担が大きくなり、三日坊主で終わってしまう可能性が高くなります。

私は、20年前まで1日2箱吸うヘビースモーカーでした。当時は事務所や駅のホーム、飛行機や電車内でもタバコが吸える時代でした。そんな環境で禁煙をするのは本当に難しかったものです。禁煙を決意した日にお酒を飲みに行って、ついもらいタバコをしてしまったり、年末に「来年こそ禁煙する！」と誓ったものの、3時間後には正月の深夜特番をタバコをくわえながら見ていたり。

しかし、今では禁煙して20年が経ちます。

何度も挑戦しては挫折してきた中で、どうやって禁煙に成功できたのか？

実は、ニコチン量を少しずつ減らすパイプを使い、徐々に減らしたのです。

31本のパイプが用意されていて、このパイプをタバコに装着して吸うと、毎日ニコチンが3％ずつ減っていく仕組みです。ニコチン0・1mgの愛用者なら最終日の31日目には、ニコチン量がわずか0・005mgにまで減ります。この方法で徐々にニコチンを減らしていったことで、無理なく禁煙に成功できたのです。

優先順位の高い仕事から先に行うのも同じです。

様々なビジネス書に優先順位の高い仕事から行うのがいいと書いてあります。しかし、優先順位の高い仕事は、難易度が高く、手間がかかるものや、あまり気が進まないものが多いもの。朝一番に取り組もうとしても、なかなかやる気が出ず、リズムに乗れずに、その後もダラダラと過ごしてしまう危険性があります。

スポーツ競技では、ウォーミングアップから始め、徐々に身体を慣らしていきますよね。仕事も同じです。まずは簡単な仕事から取りかかることが大切です。

私も会社に着いたら、まずルーティンワークから始めます。スケジュールを確認し、計画を立て、当社が扱っている株価動向をチェックし、メールの返信を行う。これらは難しい作業ではないので、テンポよくこなしていけます。そして、終わったタスクに赤丸をつけると、達成感が湧いてきます。つまり好きな仕事、ラクな仕事、円滑にすすむ仕事から行い、**ウォーミングアップをすることで徐々に仕事モードに入っていく**のです。

注意が必要なのは、たとえひとつのタスクが3分で終わるとしても、50個あれば合計で150分、つまり2時間30分もかかってしまい、午前中がそれで終わってしまうことです。そこで、ウォーミングアップとして行うタスクは「10個まで」とか「15分間」といった具合にタスク数や時間に制限を設けて取り組むことが重要です。

仕事のリズムが整ったら、優先順位の高い仕事に取りかかる。

要領がいい人は、自分で自分の気分を整えることが得意です。リズムよく仕事をするのもそのひとつです。

もちろん、客先へ提出する企画書の期限があと1時間に迫っているなど、切羽詰まった状況なら、優先順位の高い仕事に真っ先に取りかかる必要があります。しかし、いつもそんな状況ばかりではないし、毎回乗り気で仕事ができるわけではありません。

要領がいい人は、まずはルーティンワークなど簡単な仕事から始めます。徐々に仕事モードに入り、リズムよく効率的に仕事を進めているのです。

Quick on the uptake

07

緊急なことに惑わされない！
大きな成功を手に入れる
時間の使い方

要領がいい人が、劇的な成功をする理由のひとつ。それは、資格取得、転職、独立などの**「緊急ではないけれど重要なこと」をする時間を確保している**からなのです。

大きな目標は、実現できれば人生を大きく変えられます。しかし、資格を取らなくても、転職、独立をしなくても、今の会社にいることができれば現時点では困りません。

さらに、毎日、次々と緊急な仕事が舞い込んできます。緊急な仕事に追われていると、気がつけば1日、1か月、1年があっという間に過ぎ、大きな目標に向けた行動は取れないままになります。もちろん、「緊急でかつ重要な仕事」は、すぐに取り組むべきですが、問題は「緊急だけれど重要ではない」業務です。これに時間を奪われると、本来達成したい長期的な目標を後回しにしてしまいます。

例えば、飛び込み営業への対応やセールス電話のやり取り、あまり重要ではないメールの返信、テーマのない定例会議、部下に任せられるのに抱え込んで離さない仕事など、「緊急だけれど重要ではない」仕事に時間を取られる。**これらは何もしていないよりタチが悪い**のです。なぜなら、**これらの業務をしていると、仕事をしている気になる**からです。

仕事をしている感覚はあるので、罪悪感もなく時間を過ごし、気がつけば定時になり、ときには残業までしてしまう。そして独立、転職などの「緊急ではないけれど重要なこと」

に手がつけられずに1日が過ぎ、1年が過ぎ、10年が過ぎ、一生を終えるのです。

要領がいい人は、スキルアップのための資格取得や、夢だった会社への転職、勝負をかけた独立といった「緊急ではないけれど重要なこと」に時間を使います。今すぐやらなくても現時点では困らないため、後回しにしがちですが、これが人生を変える大切な行動だと知っているのです。

例えば、「司法書士になって独立する」という目標は、現在の仕事を続けていればすぐに困るわけではないため、緊急性はありません。しかし、要領がいい人は、この目標に向かうための時間を確保しています。

人は未来には時間ができると思いがちです。「今は仕事が忙しいから」「子どもが小学校に入学したら」「親の介護が終わったら」といった理由（言い訳）で、何かが終わった後に大きな目標に取り組めると考えています。しかし、何かが終わったその先にはできるんだと思い続け、気づいたときには、夢をあきらめて人生が終わるのです。

要領がいい人は、**「緊急ではないけれど重要なこと」を毎日やり続ける時間を決め、その時間に他の予定を入れません。**スケジュールに自分の目標を先に入れ、確実に実行する仕組みを作っています。

例えば、外資系企業への転職を目指していた後輩は、毎朝1時間早起きして英語の勉強をしていました。通勤時間は片道1時間半、満員電車で音声アプリの英語を聞き続けました。会社の飲み会はすべて断り、その時間を外国人との交流会に充てると決めていました。その結果、1年後にＴＯＥＩＣで９００点以上を取得し、無事に第一志望の企業に転職することができました。彼が目標を達成できたのは、毎日「緊急ではないけれど重要なこと」をやり続ける時間を決め、そのルールを守り続けたからです。

要領がいい人は、どれだけ忙しくても、自分の人生において重要な目標に向けた時間を確保し、それを継続させます。緊急な用事が入っても、決めた時間だけはそれを守ります。目標を実現するためには、この「緊急ではないけれど重要なこと」を毎日やり続ける時間を作り、それを守り続けることが成功のカギなのです。

第3章

要領は「やめる・捨てる・あきらめる」で一気によくなる

Quick on the uptake

01

完璧から完了へ！まずは子どものころからの洗脳を解く必要がある

希望に燃えて入社したあのころの、仕事の取り組み方を思い出してみてください。

上司や先輩から指示を受けて、完璧に仕上げて提出しようと一生懸命頑張った経験はありませんか？

会社に少しでも貢献したいという思いが強い人、特にやる気のある人ほど、クオリティの高さにこだわりがちです。

これは当たり前のことだと思います。

私も入社したころは、一人前になりたい、同期の中で一番になりたい、上司に褒められたいという気持ちで燃えていました。何度も内容を見直し、誤字や脱字を3～4回チェックしたり、資料をカラーにしてグラフを追加したりと、完璧になるまで、ひとつの仕事に全力で取り組んでいました。

新卒で経理部に配属されましたが、広報室長の指示で広報の仕事も手伝っていました。

その日も、広報室長の指示で朝から半日かけて社内報の記事を書いていました。すると経理部の先輩から「いつまでその仕事をしているんだ！　お前がその仕事を終わらせないから経理の仕事を任せられないだろ！」と怒鳴られたのです。一生懸命に仕事をしているのに、なぜ文句を言われるんだ、全くもって理不尽だと私は憤慨しました。

しかし、今ならその先輩の気持ちがわかります。**完璧だけを求めるのが仕事ではない**からです。**仕事は限られた時間でする必要があります**。湯水のように時間があれば別ですが、様々な仕事があり、時間との戦いでもあるのです。

要領よく仕事をするために、例えば、お客様に対する仕事は完璧に、社内資料は完璧ではなく完了を目指すというように、重要な仕事には力を入れ、重要ではない仕事は手を抜く。そのさじ加減も持たなければならなかったのです。

学歴社会で育った世代（今でも変わりませんが）にとっては、小学校からずっと、いい点数を取ることに価値がありました。点数が高ければ褒められ、１００点を取ると先生や親にも認められて、自分自身も達成感を感じます。

小中高、そして最終学歴まで進み、社会人になっても、「完璧がすべてだ」と思い込んでいる人が多いのです。

だからこそ、先輩や上司は、新入社員に「**完璧さよりも、まず仕事を終わらせること**が大切だ」ということを教える必要があります。

時間管理術のセミナーで、「1時間かけて100点満点に仕上げるのではなく、45分で80点を目指すことが大切」と伝えたところ、参加していた一部上場企業の役員も「実際、60点でもいいから早く提出してほしい。完璧にしようとするあまり、どれだけ言っても提出してこない」と嘆いていました。その会社では一流大学出身の社員が多く、「満点至上主義」で育ってきたため、手を抜くことができず、要領よく仕事が進められないために残業が減らないという問題を抱えていたのです。

新入社員ややる気のある社員ほど、「完璧が最優先だ」と考えがちです。その姿勢は悪いわけではありませんが、**社会に出ると「限られた時間内で」という前提がある**ことを覚えさせる必要があります。

学校の勉強は自宅で何時間でもできました。そして試験は一発勝負でした。一方、仕事の99%は何度も提出し、加筆修正することができます。

「ホウレンソウ」の本来の目的は、良好なコミュニケーションを取ることで問題を解決することにあります。それに加えて、**「報告・連絡・相談」をすることは、完璧すぎて無駄になりそうな仕事を早めに止める効果もある**のです。

Quick on the uptake

02

もう残された時間は限られている！苦手を手放し得意を伸ばすオトナの世界

要領が悪い人は、何でも自分でやろうとします。

例えば、スマホの使い方を知るために、わざわざ基板やバッテリーを自分で揃えてスマホを作り始める人はいませんよね。それなのに、仕事になると、すべて自分でこなそうとする人がいます。これが、要領が悪くなる原因です。

例えば、経営者なのに簿記の勉強を始める人がいます。興味があってなら問題ありませんが、会計が苦手だからという理由でイヤイヤ勉強するのは問題です。

なぜなら、決算書が作れなくても、決算書を読んで経営判断ができればいいからです。仕訳、総勘定元帳、決算書の作り方を一から学ぶ必要はありません。スマホは作れなくても使えればいい、決算書も作れなくても読めればいいのです。

子どものころ、国語や社会は好きでしたが、数学や理科は苦手でした。義務教育なので苦手な教科も勉強しました。しかし、今は得意なことに注力しています。

子どものときの勉強と大人がする勉強は違います。子ども時代は受験勉強を中心とした勉強。親が言うから、みんながやっているからと主体性がありませんでした。大人になって使わない知識も多いでしょう。だからと言って、否定しているわけではありません。物理も化学も歴史もなかったら、物理学者も科学者も考古学者も生まれないかもしれません。世界を救う様々な発見もなかったかもしれません。たまたま私には興味がなかっただけで、興味を持って一生の仕事にする人もいるのです。

子どもの勉強は、大人になって、どんな世界で生きていくのかを選ぶ勉強。そのために広く浅くいろんな科目に触れていきます。自分がどんな仕事に向いているかを知るとともに、どんな仕事と人生を歩むのかを考える期間なのです。

成功と失敗を繰り返し、いろいろなものに触れ試した結果、今のあなたがあるのです。今のあなたは、過去のあなたの集大成なのです。

一方、**大人の勉強は、もうすでに何をやるかが分かっている。そのやるべきことに向かって行う勉強**です。

例えば、弱い立場の人を助けたい、そのために弁護士になりたい、だから司法試験の勉強をしたい。

みんなを元気にしたい、そのために元気を伝えるセミナー講師になりたい、だからコーチングの勉強をしたい。

受動的な勉強から、能動的な勉強へ。それが子どもの勉強と大人の勉強の違いです。

大人になってどんな世界で生きていくのかを選ぶ、つまりスタートを決める勉強からゴールに向かって突っ走る勉強。同じ勉強でも全く違います。

話を戻します。勉強を含め大人になってから**苦手なことに執着している時間はありません。苦手なことは得意な人に任せ、自分は得意なことに注力する**のです。

しかし、何でもかんでも最初から苦手と決めつけあきらめるのも、自分の眠っている才能を見つけられずに終わる可能性があります。

そこで、3か月とか6か月など**期限を決めて苦手なことに徹底的にチャレンジしてみる**。

それでも無理と思ったら、そのことを手放す。いつまでも苦手なものを克服しようと頑張り、ストレスを溜め、自信をなくすより、苦手なことは人に任せて、得意なことに注力するのが要領よく生きるコツなのです。

03

Quick on the uptake

要領がいい働き方とは？華僑に学ぶ役割分担の極意！

友人で著者の大城太さん。大物の華僑《かきょう》のもとで超実戦的な修行を積んだそうです。

華僑とは、中国本土以外に住んでいる中国系の人々で、様々な国や地域でビジネスを展開しています。シンガポール、アメリカ、そして日本。華僑の人たちは、その地域で店を開いたり、企業を経営して、地元の経済にも大きな影響を与えています。

そんな華僑の大物から学んだ大城さん。彼の著書『華僑の大富豪に学ぶ ずるゆる最強の仕事術』（日経ＢＰ）には、「人脈は広げ過ぎず必要な人との関係を大切にする」「多少値段が高くても友人から商品を買う」「柔軟に対応できるよう、過度な準備をせずに現場での対応力を重視する」「嫌いな人にこそ接近する」「とにかく〝借り〟をたくさん作る」「人を見るときは目ではなく、口を見る」など、独特の思考や行動原理が書かれています。

そのなかでも特に私が勉強になったのが、華僑のビジネス哲学で、仕事における役割です。それは次の３つの役割に分けることができます。

①**お金を用意する人（投資家）**　ビジネスに必要な資金を提供する人

②**アイデアを出す人（起業家や発案者）**　アイデアを考え、計画を立てる人

③**手を動かして働く人（実務者）**　実際に仕事を進め、具体的な作業を行う人

華僑は「アイデアを出す人」、つまり商売になることを見つけ出し、クリエイティブ能力を発揮し、仕事のアイデアを出すことに注力するタイプが多数を占めます。新しいビジネスチャンスを見つけ、どのようにしてそのビジネスを成功させるかを日々考えるのです。お金を用意したり、ましてや実際に手を動かして仕事をするのは少数派。

もちろん、華僑のなかには投資家や実務者としても仕事を兼務する人もいますが、一般的には新しいビジネスの機会を見つけ、それを実現するためのアイデアを生み出すことに注力します。

日本の成功者も同じです。

要領がいい人はやらないことを決め、要領が悪い人はすべてやろうとします。

私は、CoCo壱番屋のカレーが好きで何度も食べに行っています。

でも「4辛、チキンカツトッピング　ライス200グラム　カレーソースはビーフ」という私の注文を、社長自らが聞きにくるわけがありません。

社長はアイデアを考え、出資や融資を株主や金融機関から受け、多くの従業員が働くからこそ、現在、国内1200店舗以上、海外に200店舗以上も展開できているのです。

お金を用意し、調理をして会計や営業や宣伝や商品開発をすべてひとりでしていたら1、2店舗で終わっていたことでしょう。

ただし、これは私の持論ですが、アイデアを出すことは、企画部や役員、管理職ばかりではなく、営業、総務、工事……どの職種でも、すべてのビジネスパーソンにとって必要なスキルです。

ちょっとした工夫やアイデア次第で、仕事環境は大きく変わります。

営業職なら、GPSを使った移動経路の最適化や、訪問先の優先順位を整理することで1日の営業活動を効率化する企画を提案する。総務部なら、クラウドシステムを活用して情報の共有化とアクセスを効率化し、無駄な手間を省くことを提案する。

たとえ、新入社員であっても「なぜこの作業はこのように行っているのか？」という問いかけを日々行うことで、新たな発見のきっかけになります。

自分の力を最大限に発揮できることを考え、自分は何をやるかを決め、そこに注力する。

これは要領のいい人の考え方にも通じます。

04

Quick on the uptake

SNSに振り回されない！情報過多時代の働き方改革

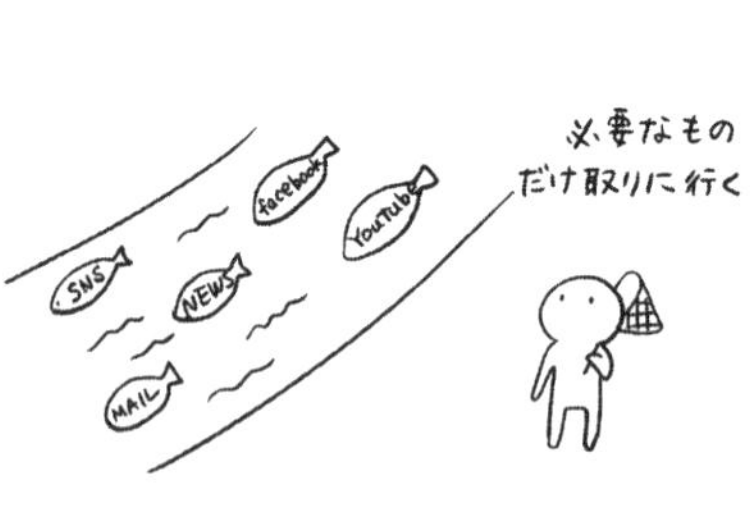

・現代の1日の情報量は、平安時代に生きた人々の一生分に相当する
・1分間で送受信されるメールの数は、20世紀初頭の1か月分の手紙の数に匹敵する
・1日に閲覧されるユーチューブ動画の総再生時間は、過去の全映画の上映時間を超える

この手の話はよく見かけますが、具体的なデータや研究結果に基づいたものではないようです。とはいえ、現代社会の情報の急速な増加と、インターネットやメディアの普及によって、私たちが日常的に接する情報量が異常に多くなったことは確かです。

X、フェイスブック、インスタグラム、リンクトイン、スレッズにクラブハウスなどのSNS。電話、メール、チャット、ライン、ファックスに手紙などの通信手段。テレビ、ラジオ、ユーチューブ、TikTok、ポッドキャスト、ボイシーと、数え上げたらキリがないほどの情報手段があふれかえっています。

仕事が終わってヘロヘロになって自宅に帰る。ソファーに寝そべりながらリモコンでテレビのスイッチを無造作に入れる。以前は公共、民放にローカルを合わせても数チャンネルから選んでいたのが、Netflix、Amazon Prime Video（アマプラ）、U-NEXTなどのストリーミングサービスを受ければ、いつでもたくさんの番組を視聴することができます。

一昔前の小さなレンタルビデオショップが丸ごと家に移転して来たような作品数です。まさに現代の1日の番組量は、昭和時代の1000倍以上になっていると言えそうです。こんな情報過多の時代だからこそ、情報を受け取りまくっていてはキリがありません。SNSなどの通知をオンにしておくと、連絡が来るたびに仕事の手を止めることになりリズムが崩れてしまいます。

SNSは、「主」ではなく「従」というのが私の持論です。本業を便利にするツールだったはずのSNSが、本業の邪魔をする存在になっています。情報に振り回される人生は疲れるだけです。**通知が来たから見に行くのではなく、自分が決めた時間に見に行く**。**必要と感じたときに開くことが重要**です。

私はパソコンもスマホもすべての通知をオフにしています。その代わりに、出社時、13時、15時、そして退社前の計4回、自分でチェックしています。もちろん営業課長のように連絡が頻繁に来る人なら30分に1回でもいいですし、新入社員で外からの連絡が少ない人ならもっと減らしても構いません。

大切な連絡が予想される日は15分に1回でもOKです。自分の立場や状況に合わせて、自由に決めてください。**重要なのは、通知に振り回されず、自分の意志でメールなどを見に行くこと**です。あとは、前述したとおり60分に1回休憩を取るので、そのときに重要か緊急の連絡が来ていないかを件名を見て確認します。重要か緊急なら開いて返信、それ以外は決まった時間にまとめて返信します。

通知をオフにしているので、すぐに返信はできません。しかし、返信が遅いと言われたことはありません。それどころか著者仲間のビジネス書に「返信の速い人」と紹介されたことさえあります。

通知に振り回されることなく、自分で決めた時間に確認し、それまでは目の前の仕事に集中する。「先方への返信を速くしなければ」と焦らなくても大丈夫です。インバスケット・コンサルタントの鳥原隆志氏が、3日間メールを放置する実験を行いました。すると、約300件のメールの中で、緊急なものは電話がかかってきてすぐに対応できました。そのほか業務上影響があったのは、300件中たったの3件だけだったそうです。3日間でもそうなのです。1時間に1回でも確認すれば大きなトラブルになることはありません。通知をオンにしてそのたびに確認していると、仕事のリズムは崩れ、仕事の進みも遅くなり要領が悪い人になってしまいます。

Quick on the uptake

05

無駄な会議をなくす！
あなたの会社、会議の目的は明確になっていますか？

「会議は無駄だ」「会議が残業の原因だ」「会議は悪だ」といった非難をよく耳にしますが会議はチームで問題を解決し、意思決定をし、会社の方針を明確にするために必要なのです。

さらに、新しいアイデアや企画が生まれる場でもあります。

要は、いい会議と悪い会議を区別し、悪い会議をなくしていけばいいのです。

「会議」といっても、いろいろな種類があります。

まずは、**どんな会議を行うのかを明確に決めて、全員にしっかり伝えることで、時間の無駄を省けます**。

ステータス会議	プロジェクトの進み具合を報告し、次のステップを計画するための会議
ブレインストーミング会議	新しいアイデアや解決策を見つけるために自由討論を行う会議
意思決定会議	重要な決定をするための情報や意見を集めるための会議
情報共有会議	参加者に特定の情報を伝えるための会議。プレゼンテーションや報告を通じて重要な内容を共有する
問題解決会議	特定の問題や課題に対処するための会議。原因の分析や解決策の検討をする
キックオフ会議	新しいプロジェクトの開始時に行う会議。目的や目標、役割分担を確認する

レビュー会議	プロジェクトや活動の成果や進捗を評価し、改善点を検討するための会議
スタンドアップ会議	短時間で進捗状況や問題点を共有するための会議
クライアント会議	顧客と直接会う会議。要件の確認やフィードバックの収集をする
タウンホール会議	会社の全体的な状況や戦略を共有するために行う会議
トレーニング会議	新しいスキルや知識を習得するための会議

会議の目的が明確になれば、上司の自己満足のための会議や、責任を参加者に押しつける会議、必要のない人までが参加する会議を避けることができます。

もしあなたがリーダーなら、左のチェックシートを使って、会議が無駄になっていないか確認してみてください。会議の質を高めるためには、計画（Plan）、実行（Do）、確認（Check）、改善（Act）のＰＤＣＡサイクルを回すことが大切です。

一般社員であれば、「会議をもっと良くするための改善案」を積極的に提案するのもひとつの方法です。もし、今の自分の立場で言うのが難しい場合でも、将来リーダーになったときのために、当事者意識を持ち、会議を厳しい目でチェックしてみてください。

□事前に、会議を開く目的は明確になっているか
□事前に、会議用の資料は参加者に配布されていたか
□開催日や時間は適正か？（月曜の朝や月末で忙しいなど）
□会議の開始時間は守られたか？
□会議の終了時間は守られたか？
□会議後、意思決定が行われたか？（仮決めでも可）
□以前の会議など同じ内容が繰り返されていなかったか？
□参加者が話し合いに積極的に参加できていたか？
□前回の会議のフォローアップはされているか？
□不必要な人や人数が参加していなかったか？
□メールなどの通信手段で解決できる内容ではなかったか？
□会議の内容が関係のない話題に脱線していなかったか？

私も20代のころ、会議だけでなく会社全体の改善点を見つけることに力を入れていました。この「問題解決能力」を鍛えた経験が、今の仕事に大いに役立っています。

繰り返しますが、すべての会議が不要なわけではありません。無駄な会議が不要なのです。

どのような目的で会議を開くのかを明確にし、それらの会議を事前にチェックし、さらにフィードバックすることで、無駄な会議はなくなり、意義のある会議だけを行うことができます。

Quick on the uptake

06

最強の無駄取りメソッドとは？
最速で成果を上げる方法！

1時間かかる作業を40分で終わらせれば、20分の時間を節約できます。さらに効率化して35分で終わらせれば、25分も短縮できるので大きな成果です。

でも、もっと効果的な方法があります。それは、そもそも**「やらない」という選択**です。

20代のころは、毎朝スーツやネクタイ、ワイシャツをどれにしようか悩んでいました。しかし、30代になってからは、服を曜日ごとに決め、選ぶのをやめました。今では、作業服で会社に行きます。作業服にTシャツなら、ワイシャツのようにボタンを締める手間もなく、さらに時間短縮。靴下は同じものを6足まとめ買いして選ぶ必要をなくし、運動靴を履いているので、革靴のような手入れも不要です。

前日に入浴しているので、朝は顔を洗って歯を磨き、作業服に着替えるまでに10分もかかりません。建設会社で働いているという職業柄もありますが、スーツをやめたことで、一気に朝の準備時間を短縮することができました。

ドライヤーも使いません。前日に入浴できないときは、朝6時に起きてシャワーを浴びます。そのまま2時間ほど読書や執筆をしている間に自然に髪が乾くからです。

その代わり、タオルの素材はこだわります。朝の貴重な時間を気持ちよく過ごすためには、多少値段が高くても、柔らかく肌触りがよく、ドライヤーもいらなくなる吸水力の高いタオルを使いたいですね。

友人の女性経営者には小学生の子どもが2人います。

彼女は夕食を作るのをやめました。もともと料理が得意ではないうえに、美味しくて栄養のある料理を作らなければならないというプレッシャーが苦痛でした。やめた結果、献立を考える時間、買い物に行く時間、調理する時間、食器を洗う時間という4つの手間を省くことができ、プレッシャーから解放されたのです。

そして、削減できた時間を、子どもたちと遊んだり、コミュニケーションを取る時間に。**まさに発想の転換**です！「料理をしない母親はダメ」という固定観念にとらわれることなく、料理をやめたことで、より大切な子どもたちとの時間を増やすことができたのです。

もちろん、ご主人の協力や、近くに総菜屋が充実しているといった好条件もありました。しかし、調理にストレスを感じたり、時間が足りないと悩んでいる方は、週に1、2回は総菜に頼ったり、外食をしたりと、料理にかける時間を減らす工夫を考えてみてください。

月曜日はハンバーグ、火曜日は焼き魚といったように曜日ごとに献立を決めておくのもいいですね。子どもから「カレーが食べたい！」とリクエストがあれば、その都度臨機応変に対応すればいいのですから。

寝る前のスマホはやめる。そのために寝室にスマホを置かない。空腹で買い物に行くと無駄な物まで買ってしまうので空腹時に買い物に行くのをやめる。ついダラダラ見てしまうのでリアルタイムでテレビを視聴するのをやめ、録画した番組を見る。

職場でも、無駄な会議、完璧主義、言い訳、ミスを隠す、重要な仕事の先延ばしなど「やらないこと」をマイルールとして決めておく。

要領がいい人は、重要なことに集中するために必要のないことをやめています。

まずは、「これをやめてみよう！」と意識するだけでも、自然とブレーキがかかり、無駄なことを減らす一歩になります。

Quick on the uptake

07

あきらめる勇気！
無駄な努力を捨てる
「切り替え」の技術！

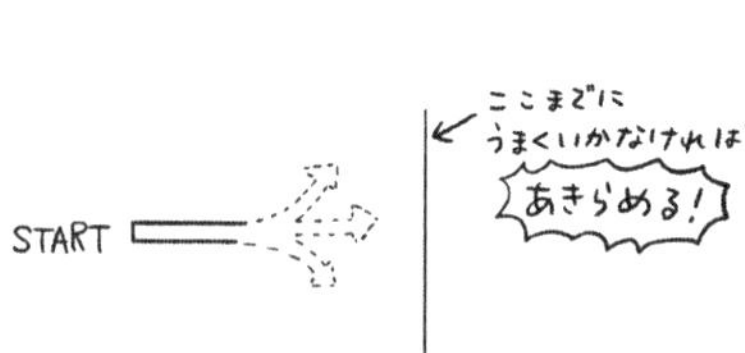

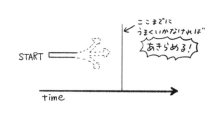

日本では、「あきらめないこと」が美徳とされていますよね。何度も挑戦して粘り強く続けるのが良しとされていたり。

バスケットボール漫画『SLAM DUNK』（井上雅彦著　集英社）では、「あきらめたらそこで試合終了だよ」という有名なセリフがあります。この言葉は、多くの人に知られていて最後まで頑張り続けることの大切さを教えてくれます。

しかし、要領がいい働き方を目指すなら、**早めにあきらめることも、ときには必要です**。効果がないとわかっているのに、その仕事にこだわり過ぎると、貴重な時間やお金を無駄にしてしまいます。だからこそ、「あきらめる力」が大切です。

怠けることや無責任とは違います。**無駄な努力を早めに見極めて方向を変えること**です。例えば、企画がうまくいかないとき、要領がいい人は問題を慎重に分析し、改善が難しいと判断したら、早めにやめる決断をします。こうすることで、損失を最小限に抑え、次のチャンスに向けて時間を有効に使うことができます。

一方で、要領が悪い人は「もう少し頑張ればうまくいくはず」という考えにとらわれてあきらめることができません。その結果、さらに大きな損失を生むのです。

このような心理を「**サンクコスト効果**」と呼びます。これは、すでに費やした時間やお金、努力を無駄にしたくない心理が働き、うまくいかない確率が高くても、続けてしまうのです。適切なタイミングでやめる判断ができず、さらに大きな損失を引き起こしてしまいます。

私も過去にはこのような失敗をしていました。役に立たないと感じたビジネス書でも「せっかく買ったから」と最後まで読み続ける。難しい哲学書も「ここでやめたら負けだ」と思い、何度も読み直す。高額な宅建の教材を買ったときも「せっかくお金をかけたんだから」と無理して勉強を続けていました。

高級なイタリア製の生地でオーダースーツを作ったものの、仕上がりが派手すぎて、まるでマフィアみたいでした。でも「こんなに高かったんだから、着ないともったいない」と思い、無理して着続けました。結果、焼き鳥屋さんに着て行ったときは、場違い感が半端なく、完全に浮いてしまいました。

「サンクコスト効果」の罠にハマり、本来やめるべきところで続けてしまっていたのです。

では、この「あきらめる力」を身につけるためには、どうしたらいいでしょうか?

目標を明確にする　はっきりとした目標を立て、それに基づいて判断する。目標が曖昧だと、どのタイミングでやめるべきか分かりにくくなります。

客観的なデータを使う　感情に流されず、データに基づいて判断する。進み具合や成功の可能性を冷静に評価し、合理的な決断を下す。

フィードバックを積極的に受け入れる　他の人からのフィードバックを素直に受け入れることで、自分では気づかない問題や改善点を教えてもらえます。

過去の成功と失敗を振り返る　過去の成功や失敗を振り返り、それぞれの違いをしっかり分析しておくことで、今後の判断に役立てることができます。

「あきらめる力」は、重要なスキルです。適切なタイミングで方向転換を図り、効率的に成果を上げる。例えば、1か月頑張って販売しても、売上げゼロなら、やらないのと一緒です。それどころか早めにやめ、その時間を他に注力していれば、成果が出ていたかもしれません。**戦略的なあきらめは、次の成功へのステップ**なのです。

朝令暮改という言葉があります。朝出した指示が晩には改められるという意味で、政策や命令がころころ変わって一定しないことを言います。悪い意味で使われますが、リーダーは、時には朝令暮改をする意識も必要なのです。

第4章

要領がいい人なら誰でもやっている円滑コミュニケーション

Quick on the uptake

01

なぜ、あの人は可愛がられているのか？共通点は、立場、年齢を超えた最強のコミュニケーション手段

「共通点」を見つけることで、立場や年齢、職場に関係なく、親しみやすさが一気に増します。趣味や経験、価値観が共通していると、一気に親密度が上がります。

私の講演のプロフィールは「1968年生まれ」「北海道出身」「埼玉県在住」など情報を開示しています。なぜなら、「同じ歳だ！　同じ出身地だ！」と共通点が後押しして参加してくれる人もいるからです。

得意先や仕入先、年上や年下を問わず、共通点を見つけることで信頼関係が深まります。

以前、ある得意先の担当部長がいつも無愛想で、訪問するのが苦痛でした。

そんなある日、部長と私が同じ北海道出身で、しかも同じ地域の出身だと分かったのです。そのとき「高校はどこ？」と聞かれ、別の学校だったことに部長は一瞬ガッカリしましたが、中学が同じと分かった瞬間、一気に笑顔になり、まるで別人のように喜んでくれたのです。同じ中学校ということは実家も近所だったため、自然と地元の思い出話で盛り上がりました。それ以来、部長との関係は一変して、とても親しくなり、部長が退職するまで何かとよくしてもらいました。

あなたは「嫌な人とは共通点なんてない」と思うかもしれませんが、意外と見つかるものです。

共通点を探すには、まず相手をよく観察し、興味を持って話をすることが大切です。

例えば、推理小説好きなら「私も読みましたが、どう感じました？」と話を振る、ゴルフが趣味なら「どこでプレイされていますか？」と質問するといった具合です。相手が心を開きやすいように、答えが「はい／いいえ」で終わらないオープンクエスチョンを使うと、会話が弾みやすくなります。

また、相手が楽しそうに話す趣味や旅行などの話題を見つけたら、それをさらに広げましょう。相手の好きなことを一緒に楽しもうとする姿勢を見せると、「この人は自分を理解してくれる」と感じてもらいやすくなります。

「この人とは感覚が似ている」と思うと、人は自然に心を開きます。この心理を「類似性の法則」と言い、似た価値観や経験を持つ人に親近感を抱きやすいのです。

例えば、同じ野球チームを応援しているとわかった瞬間、会話が一気に盛り上がるように、仕事でも共通の目標に取り組むと、年齢や職種を超えて協力しやすくなります。

相手の共通点を引き出すには、質問力も大事です。「最近ハマっていることは何ですか？」や「学生時代に夢中になったことは？」といった質問で、相手が話しやすいテーマを探る。以前の会話で出た話題を覚えておき、次回の会話で触れると、「自分に関心を持ってくれている」と感じてもらえます。

会話の流れを壊さない心遣いも必要です。例えば、相手が「子どもがサッカーを始めた」と話しているのに、自分の好きな海外サッカーの話をする。「お正月にハワイに行った」と聞いたときに「ハワイですか、私は2年間も住んでいましたよ」と言ってしまうと、ハワイという共通点よりも自慢話に受け取られてしまいます。相手の話に寄り添い、気持ちよく話せるように心がけることが大切です。

共通点は、コミュニケーションを円滑にするだけでなく、人間関係を深める強力な武器です。**共通点が見つかれば心の距離が一気に縮まり、「この人とは気が合う」という安心感**が生まれます。こうして築いた信頼関係は、ビジネスでも大きな成果につながります。

可愛がられる人や信頼される人は、この共通点を上手に活かし、自然と相手との絆を深めているのです。

Quick on the uptake

02

我以外、みな我が師！
要領のよさは聞き方次第

要領が悪い受験生の代表は、勉強中にわからない問題が出てくるとそこで立ち止まってしまい、次に進めなくなる人です。次に進めないため、試験日までにすべての範囲を勉強しきれず、不合格になってしまいます。

理解できない問題は、とりあえず覚えて次に進むか、覚えられない問題はそのまま飛ばして進めばいいのです。勉強を進めるうちに、前にわからなかった問題が急に理解できることは、よくあることです。

受験の目的は、満点を取ることではなく、合格することです。そのためには、合格点を取るための効率的な勉強が必要です。難しい問題や苦手な問題でつまずいていると、試験日までにすべての範囲を終えられず、簡単な問題の勉強すらできずに不合格になる人がたくさんいます。これは**能力の差ではなく、勉強の進め方、つまり要領の差**なのです。

社会人になっても、同じように要領が悪い人がいます。知らないことがあっても誰かに聞かず、そこで止まってしまうのです。

特に新入社員なら、**会社のルールや慣習を知らないのも当たり前**です。だから、上司や先輩にどんどん聞くべきです。「忙しいのに邪魔してはいけない」と思う気持ちは理解できますが、そんなに気にする必要はありません。これは新入社員のみならず、年上、年下、上司、部下に関係なく同じです。

なぜなら人は、「教えたがり屋」だからです。教えることは、人の承認欲求や社会的なつながりを満たします。「困っている人を助けたい」「誰かの役に立ちたい」という純粋な気持ちもあります。また、自分の知識や賢さを自慢したいと思う人もいます。いずれにせよ教えたいという気持ちに変わりはありません。

ただし、簡単に調べられることをわざわざ聞くのは避けましょう。

人は教えるのが好きですが、誰でもわかるような簡単なことを聞かれると「自分をバカにしているのか」と不快に感じることがあります。「ググれ！」のキモチですね。

例えば、社会人としての基本的なマナーは、本を読めば学べます。挨拶や服装、身だしなみなどは、自分で調べてしっかりとした行動を心がける。人の見ていないところで、自分で調べて身につけた力を発揮すると、「飲み込みが早い」「要領がいい」と評価されます。もちろん、会社特有のルールや習慣は調べてもわからないので、そのようなことは積極的に質問しましょう。

また、クレームや事故などのトラブルが起こったときは、すぐに質問することが大切です。しかし、時間に余裕がある場合は、まず「自分ならこう解決する」と考えてから質問をする。そのほうが上司や先輩から信頼され、あなた自身の成長にもつながります。

教える側にとっても、人に教えることで自分の理解が深まり、説明力が向上します。また問題を再確認する機会となり、記憶の定着にも役立ちます。


一方で、頑張っても先に進めず、わからない問題で立ち止まってしまうのは、先ほどの受験生のように要領が悪い行動です。

これは、上司や先輩という立場の人でも同じです。仕事は多様化しています。デジタルツールやインターネット、データベースの使い方は、若い人のほうが得意なこともあります。「我以外、みな我が師」と思えば、素直に質問ができます。

ぜひ、周りを頼ってみてください。部下や後輩は頼られることで、やる気を出したり、自分の存在意義を感じたりします。質問する側もされる側も、どちらにとってもいい効果が生まれます。

Quick on the uptake

03

常識を変える巻き込み術！ 未完成で提出しても成功する フィードフォワード作戦

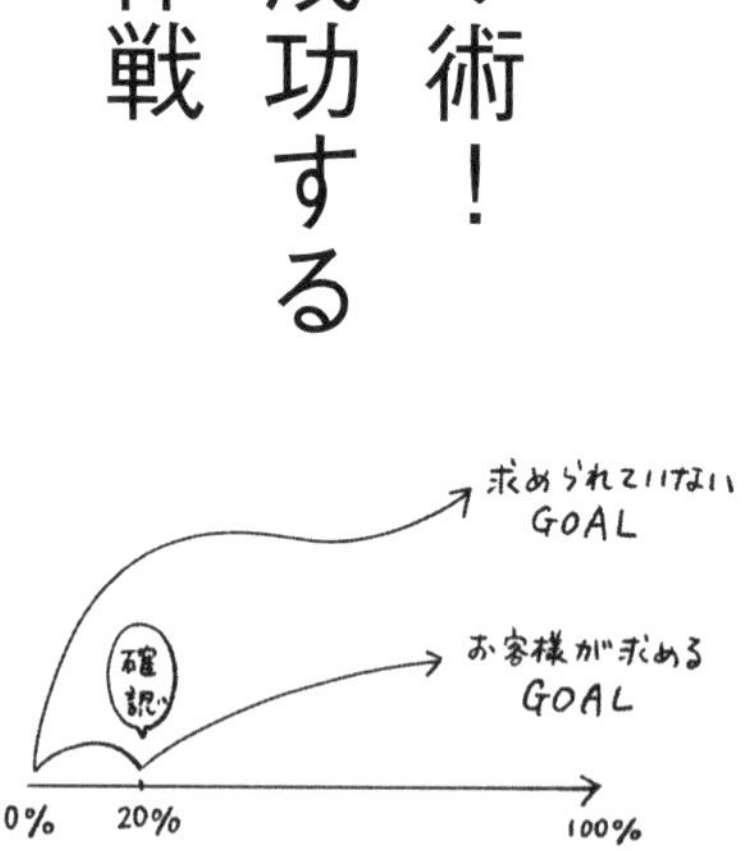

客先に企画書を提出する際、何に気をつけていますか？　私は10年前まで「完璧なものを提出しなければならない」という誤解をし、要領が悪い行動を取っていました。

「神は細部に宿る」という言葉があります。これは、細かい部分にまで注意を払うことで成功や美しさが生まれるという考え方です。仕事でも、お客様対応や資料作成において、細部にこだわり、ミスなく完璧な仕事をすることは重要です。

こうすることで、お客様の信頼を得やすくなり、次の仕事につながることも多いからです。私も、この考え自体は正しいと思います。企画書などの提出書類のみならず、工事現場でも利益が出ないからと手を抜いた建設物を引き渡すことはありえません。

ただ、重要なのはプロセス（過程）です。

多くの場合、客先とは注文時と完成時の2回しかやり取りがありません。注文を受けた後、納期ギリギリまで時間をかけて完璧なものを作り上げる。しかし、どんなにいいものだと思っても、方向性が間違っていることもあります。

客先が本当に必要な情報ではなく、すでに知っていることばかり集めているかもしれません。例えるなら、トラックの運転手が、ワレモノ注意の高価な荷物を完璧な包装と制限速度を守った安全運転で無事に目的地に運び終えたとしても、もしその荷物自体が間違っていたら意味がありません。

では、どうするか？　要領がいい人は、**途中で中間報告をして、お客様に進め方が正しいか確認します**。これにより、間違いを早めに修正できるのです。

私もこのことに気がついてからは、20～30％進んだら、その都度、進み具合を先方に確認し、要望とのズレが発生していないか確認しながら仕事を進めるようにしています。

今回、この話を執筆するにあたり、エビデンスがないかと探していたら、具体的な数字を交えて書かれていた素晴らしい本がありました。元マイクロソフト役員の越川慎司氏が書いた『ＡＩ分析でわかったトップ5％リーダーの習慣』（ディスカヴァー・トゥエンティワン）、この本によると、成果を出し続ける人は、20％くらい進んだ段階で、「この方向で進めていますが、問題はありませんか？」「何かご意見、修正点はありませんか？」と確認する習慣があると書かれています。

完成後に意見を聞くのが「フィードバック」。それに対して、完成前に意見を聞いて確認することを「フィードフォワード」と呼びます。

報告書や議事録などの社内文書なら、提出先は上司です。20％進んだら上司のチェックを受けます。しかし、実際には「未完成なのに提出しづらい」と、部下の立場から20％の段階で報告するのはためらわれるかもしれません。これは、前述したように完璧主義が残っているためです。**だからこそ、上司や先輩から「20％進んだ段階で報告して」と促す**ことが大切なのです。

社外文書も提出先企業にフィードフォワードする。この確認作業によって、「もっとデータを入れてください」とか、「グラフを増やしてほしい」などの意見が事前に得られ、**完成後に無駄な修正をしなくて済む**のです。

フィードフォワードを1万9000人のビジネスパーソンに実験したところ、上司からの差し戻しが「74％」減ったといいます。

以前の私のように、お客様に対して完璧に完成してから引き渡す。そのような要領が悪い対応を取っている人も多いのではないでしょうか？　進捗状況20％で確認を求め、お客様を巻き込むことで、より早くよりいいものが生まれてくるのです。

Quick on the uptake

04

「与えるギバー」と「奪うテイカー」要領がいいのは、どっちだ!

人間関係には、他人から利益を得ることばかり考える「テイカー」と、他人に利益を与える「ギバー」がいます。

私はこれまでに何度も「テイカー」に出会ってきました。出版の方法や税金の相談、大学で講師をする方法など、さまざまな情報を無償で教えたにもかかわらず、実際にそれでうまくいっても、報告や感謝の言葉は一切ナシ。唯一、連絡が来るのは失敗したときだけです。出版が実現しなかった、追徴課税を受けた、大学の講師に採用されなかったといったクレームの後に、さらに別の情報を聞き出そうとしてくるのです。

このような人は、次第に信頼を失い、評判も悪くなり、最終的には孤立してしまいます。

人は「社会的な生き物」です。朝起きてから寝るまで、たくさんの人や物に支えられて生きています。以前「世界は誰かの仕事でできている」というコマーシャルのフレーズがありました。例えば、朝起きて、朝食を食べ、会社に行く準備をして、電車で通勤し、仕事をして家に帰ってくる。その間にも、目覚まし時計や食べ物、ドライヤー、タオル、歯ブラシやコップ、電車など、たくさんの物に助けられています。これらをすべて自分で作ることはできません。人間は、お互いに協力し合うことで生活が成り立っているのです。

職場でも一緒です。

先輩が会議前に準備をしていたら、「何かお手伝いしましょうか?」と声をかける。デジタルに強いなら、社内システムの簡単なマニュアルを作って困っている同僚に教えることで、「頼れる人」という印象を与え、チームの生産性向上に貢献できます。同僚が忙しそうなときは、雑務や代わりにできる仕事を進んで引き受ける。こうした気遣いが自然にできると、「気が利く人」と、信頼関係が強くなります。

会議の議事録を積極的に作ったり、ゴミ出しや備品の補充などの雑務も自ら進んで行うことで、「目立たないけれど大切な仕事」をこなす姿勢が評価されます。

小さなサポート、知識の共有、気遣いの言葉、雑務の引き受け、これらのギブを積み重ねることで、周囲からの評価が自然に上がり、信頼を築くことができます。最終的には、「この人と一緒に仕事をしたい」と思われる存在になれるのです。

人は、狩猟時代から現代まで、集団で協力することで、ひとりではできない大きな成果をあげてきました。このため、人には「**互恵的利他性**」が備わったと言われています。これは、生物学者のロバート・トリヴァース氏が提唱した理論で、「誰かに親切にすると、長い目で見て自分にもその恩返しが返ってくる」という考え方です。

つまり、ちゃんとお返しをする人のほうが、長く生き残りやすかったということです。一見すると、テイカーのほうが他人から奪って得をしているように見えるかもしれませんが、ギバーに対して「いつかお返しをしたい」と考える人が多いのです。

もうひとつ大切なポイントがあります。**人は似た者同士で集まる**ということです。

特に大人になると「同じような人たち」と一緒にいる傾向にあります。同じ考え方や趣味、価値観を持つ人と一緒にいるほうが心地いいからです。つまり、**ギバーは自然とギバー同士で集まる**ようになります。

これは本当にすごいことです。例えば、法律の問題なら弁護士、税金の問題なら税理士、パソコンの問題ならエンジニア、ＳＮＳの相談なら動画配信の専門家といった具合に、ギバー同士が集まれば、それぞれが専門分野で助け合うことができます。

結果的に、ひとりでは得られないものを手に入れられるのです。長い目で見ると、ギブを続けることで、有意義で充実した人生を送ることができるのです。

Quick on the uptake

05

気づかいの壁に気を取られるな！過剰な気づかいは仕事を遅らせる！

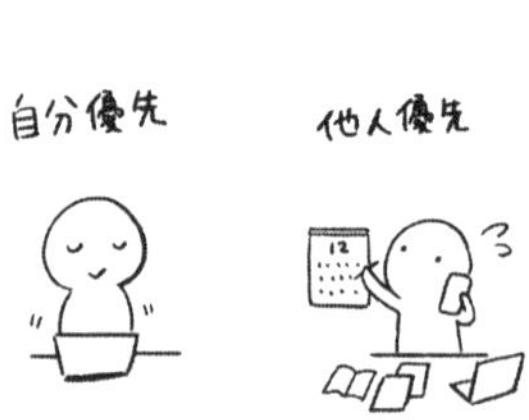

「気づかい」は、大切なコミュニケーション能力のひとつです。

自然にできる人は、信頼され、好印象を与えます。「気づかい」をテーマにした書籍が人気なことからも、多くの人が「気づかいができる人になりたい」と考えていることがわかります。私も日ごろから気づかいを意識して心がけています。

しかし、気づかいができる人が仕事で必ずプラスになるとは限りません。特に要領がいい人は、あまり気をつかわないことがあります。正確に言うと、「気をつかわない」のではなく、「**必要以上には気をつかわない**」のです。

要領がいい人は、どこにエネルギーを注ぐべきかをよく理解しています。他人の頼みごとに振り回されることなく、自分のペースで進めています。これは、効率的に決断し、行動するために必要なスキルです。もし、上司や先輩、客先のすべての依頼に「はい」か「YES」か「喜んで」と、答えていたら、どれだけ時間があっても足りなくなります。

一方で、要領が悪い人は、他人に対して必要以上に気をつかいます。その結果、他人の期待に応えようとして、自分の仕事に集中できなくなります。自分の時間を無駄に使ってしまい、仕事の効率が下がります。また、他人の意見に振り回され、重要な判断が遅れることもあります。

「気づかい」と「配慮」を区別することは大切です。要領がいい人は「配慮」をしながらも他人の感情に過剰に気をつかいません。必要な場面では適切に配慮しつつも、自分の目標や仕事を優先して進めます。

社会心理学では、「人は他人の評価を気にしすぎて、自分の行動や判断を歪めてしまうことがある」と言われています。これを「社会的比較理論」と呼びます。

要領が悪い人は、他人の期待に応えようとします。パーティー、イベント、講演の誘いに誘われたら忙しくても参加します。ＳＮＳで「いいね」を押し「コメント」を返します。その結果、自分のしたい行動が遅くなります。

一方で、要領がいい人は、他人を気にせず、自分の目標に集中できるため、効率よく行動できます。他人の期待より自分優先、本当に大切なことに集中します。その結果、他人の感情に左右されず、業務を進めることができるのです。

以前の私は、出社するとすぐに大量のメールやチャット、ダイレクトメッセージの返信に追われていました。出版や税の相談からセミナーの誘いまで、返信に時間を取られ、気づけば2時間が過ぎていました。やっと落ち着いたと思ったら返信の返信が……。串カツを一度ソースにつけ、食べている途中で2度目はつけてはいけない串カツ屋さんのルールを思い出しながら「二度づけ禁止！」と心の中で叫び、返信に返信を繰り返していました。自分の仕事を始められるのは、昼休み過ぎのときもありました。

一方、経営者の友人は初動がとても速く、一心不乱に自分の仕事に注力し、優先順位の高い仕事を次々に片づけていきます。私との差は歴然です。

その姿を見習い、私は過剰な気づかいをやめ、1日1回、決まった時間だけ相談に応じ、さらに2度目の返信は翌日にするようにしました。

もちろん、気づかい自体は悪いことではありません。しかし、ビジネスでは**「どれだけ気づかいをするか」よりも、「どこで気づかいをするか」が重要**です。要領がいい人は、このバランス感覚が優れているため、必要な場面では配慮しつつ、自分の仕事も効率よく進めることができるのです。

06

Quick on the uptake

数字で示せば、無駄と誤解と主観は消えそこには真実だけが残る!

数字を使うことを意識する。それだけで、あなたは要領がいい人に変わります。「多い」や「少ない」という曖昧な表現は、誤解を招くことがあります。なぜなら、あなたが考える「多い」と私が考える「多い」とは違うからです。

数字を使うと、言葉が具体的になり、誰にでも理解できる共通の基準となって、伝わるスピードも速くなります。

例えば、「多くの人が賛成しています」と言われ、１００人中80人くらいかなと思い「何人？」と聞いてみたら、実際には40人だったということもあります。このときは「反対している人のほうが多いじゃないか」と驚きました。自分の案を通すために、わざと曖昧な言葉で相手を誘導する人もいます。「１００人中40人が賛成しています」と言えば、誰にでもその意味は明確に伝わります。

以下のような言葉を使っている人は注意が必要です。

みんな言っている

「みんな」とは誰のことか不明ですし、人数や範囲も曖昧です。私の経験では、「みんながあなたのことを○○と言っています」と言う人は、実際には「みんな」という言葉を借りて自分が思っていることを伝えている人が多いのです。そして、たいていの場合、それは私への悪口です（笑）。

すぐに対応します

「すぐ」がどれくらいの時間を指しているのかが曖昧で、相手と認識が合わないことがありトラブルの原因になります。「ただちに」「即刻」「間もなく」なども同様に注意が必要です。

〇〇が少ない

どれくらい少ないのか、何を基準にしているのかが不明確です。これに限らず、「遅い」「早い」「足りない」「余っている」なども同じく曖昧な表現です。

多様な意見がある

どのような意見が具体的にあるのか不明です。意見の数や種類もはっきりしません。

時間があるときにやって

上司がこの言葉を使う会社は問題です。「時間があるとき」ではいつやればいいかが不明で、他の仕事を優先していつまでも取り掛かれない可能性があります。そもそも「暇なんてない！」という反論も出てくるかもしれません。

明確な期限を設定することで、人は行動しやすくなります。例えば、「明日の3時までに」

や「月曜日の14時までに」と具体的に期限を示すと、実行しやすくなります。

このような言葉を使っている人は、具体的な言葉や数字に直せないか考えてみましょう。私もつい抽象的な言葉を使ってしまうので、そのたびに「○○という言葉を使えばよかった」と脳内ひとりフィードバックをしています。

数字を使うことは、あなたの話に信頼性を持たせます。感覚や印象に頼るのではなく、数字という確固たる土台があるので、あなたの発言に正確性が増します。

数字は時間を節約してくれます。「かなり進みました」「もうすぐ終わります」「進捗状況は予定通りです」と伝えるより、「75％完了しました」と言えば、それ以上の説明は不要です。コミュニケーションの無駄が一気に削ぎ落とされます。

数字は比較を容易にします。「前年比10％増で2億円の売上です」と言えば、過去との違いが一目瞭然です。どちらが優れているか迷う必要もありません。

数字には客観性を持たせ、主観的な考えを排除し、事実だけを語ることができ、要領のいい判断ができる力があるのです。

Quick on the uptake

07

結論から話す！ それを意識するだけで 伝わる話し方に変身する

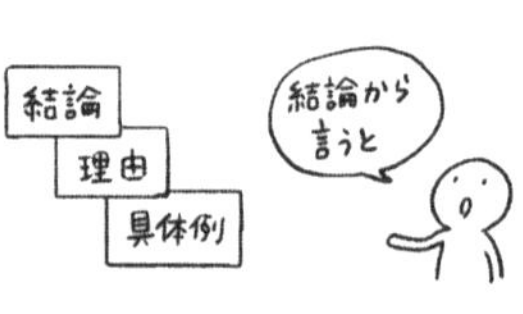

要領がいい人は、結論から話を伝えます。結論を先に言うことで、**「話のゴール」が明確になります**。これにより、聞き手は無駄な推測をせずに話に集中できるのです。

例えば、会議で提案をするとき、「今回の議題は来年度の一般管理費の見直しです。そのためには……」と最初に結論を伝えると、話の流れが明確になり、議論がスムーズに進みます。これによって会議全体の効率もよくなります。

一方、「皆様の努力もあり、売上高は前年度より15％増加しております。借入金の返済も順調です。しかし、家賃が上がり、従業員の高齢化で人件費も増えています。残業も増え、ライバルに勝つためには広告費を増やす必要があります……」と結論を後回しにすると、聞き手は「何が言いたいのか？」と混乱します。

売上増の話なのか、人件費削減か、働き方改革か、広告戦略か、と余計なことを考えさせられながら聞くことになります。その結果、聞き手はストレスを感じ、話の途中で口を挟んだり、議論の焦点がずれたりします。結論を先に話さないことで、参加者に余計な時間と労力を使わせてしまうのです。

結論がはっきりしていないまま話し始めると、話し手自身も混乱します。途中で自分が何を言いたいのか分からなくなり、最終的に話のゴールも曖昧になります。

要領がいい人は、いつも結論を最初に伝えます。結論を先に伝えてしまえば、あとは理由や事例を自由に話せばいいのです。聞き手も結論を知っているので、続きを安心して補足として聞くことができます。

事故の報告でも、「A現場で事故が発生しましたが、第三者や通行人への被害はなく、作業員3名が軽傷を負いました」と最初に伝えておけば、聞き手は安心して続きを聞けます。そのうえで、「事故の原因は何ですか?」「作業員のケガの程度は?」「発注者には連絡しましたか?」と、必要な質問がしやすくなります。何が起こったのかが分からないと、質問することすらできません。

結論を先に話すことは、ただの話し方の技術ではありません。

要領がいい人は、いつも「何を伝えたいのか」を意識し、それに合わせて話し方を考えています。何度も意識して話すうちに、結論を先に伝えることが習慣になります。

私も重要な会議や商談で話すときは、伝える内容を「結論」「理由」「具体例」に分けて簡単にメモしておくことを習慣にしていました。今ではメモをしなくても無意識にできるようになり、必要な情報だけを伝えることで、相手の時間を無駄にしなくて済んでいます。

一方、要領が悪い人は、結論を後回しにします。理由や具体例を先に言われても、「この人は一体何を言いたいんだろう」と、**「結論探しの旅」に出なければなりません**。これが本当にストレスで、聞いている側はイライラしてしまいます。

特に「事故」や「災害」など、被害状況を早く知りたい場面では、結論を先に伝えることがとても重要です。

結論から話すのが苦手な人は、まず**「結論から言うと」と先に声に出して言ってみてください**。そうすることで、自然に結論を探す習慣が身につきます。何度も繰り返すうちに自然と結論から話せるようになります。

また、結論から話せない人は、全部を一度に伝えようとする傾向にあります。そのため枝葉の部分から話したり、物語のように話し始めたりします。しかし、会話は一度きりで終わるものではありません。1回話して終わりではなく、相手が分からなければ質問してくれますし、補足もできます。だからこそ、まずは結論を先に言う。言ってしまえば、あとは会話のキャッチボールで、肉づけや補足をしていけばいいのです。

Quick on the uptake

08

反面教師も
あなたの人生に活かせ！
真似は最強最短のスキルアップ

私のメンターのひとりである研修講師の箱田忠昭先生は、プレゼンテーションや交渉力、セールス、時間管理などのコミュニケーション分野の専門家です。年間300回以上の講演や研修を行っています。

先生のもとで学んでいたとき、私はプレゼン資料の作り方、話すタイミング、声の強弱、立ち居振る舞いまで、すべてを完全にコピーするように徹底的に真似をしまくりました。

人見知りで、人前で話すのが苦手だった私が、大きく成長し、最終的に講師オーディションで優勝できたのも、このメンターを完コピしたことが大きかったのです。**真似は要領がいい最強のスキルアップ手段**だと確信しています。

もし、あなたにも尊敬する上司や憧れの先輩、仕事が速い同僚がいるなら、その人の立ち居振る舞いやスーツ、靴の選び方、電話対応、名刺の渡し方、仕事の進め方やお客様対応などを徹底的に真似してみてください。問題に直面したときも、「あの人ならどうするだろう?」と想像し、その人がとりそうな行動を実際にやってみてください。

私も、得意先との交渉で悩んだときに、「Aさんなら、きっともう一度チャレンジするはずだ!」と、あきらめかけていた商談を再開して契約に成功しました。集中できずに気が散っているときも、「Aさんならネットサーフィンをするだろうか? もししたとしても、きっと5分で終わらせるはずだ。よし、タイマーをかけて5分リフレッシュしたら仕事に戻ろう！」と考えて、上手にリセットして作業に戻ることができました。

このように、尊敬する人がとるであろう行動を考え、真似してきました。**その結果、その人の考え方や行動力に近づき、最短で自分を成長させることができました。**

Aさんにはとても可愛がられ、飲みに連れて行ってもらったり、プライベートでも一緒に遊んでもらいました。

これは私だけの体験ではなく、真似をすることで能力が飛躍的に向上するという理論や研究結果も多くあります。

①**社会的学習理論**　人は自分の体験や経験だけでなく、他人の行動を観察し、真似することで学ぶという考え方。「モデリング理論」ともいい、スタンフォード大学の心理学者アルバート・バンデューラ氏が提唱しました。

②**メンターシップの効果**　経験豊富なメンターが、若手や未経験者に知識やスキルを教え、フィードバックを与えるマンツーマンの指導方法です。メンターの助言により、急速に成長し、学びやスキルを向上させていきます。

③ **ロールモデルの重要性**　優れたロールモデルの行動を模倣することで、成功を収める確率が上がると言われています。

このようにさまざまな研究でその効果が証明されています。私自身、職場のメンターだけでなく、箱田先生をはじめ多くの講師や、憧れの著者の文体、タイムマネジメントの先生など、多くの方の考え方や方法を真似して成長してきました。

一方で、真似したくない人もいます。例えば、部下をモノのように扱う、人のせいにする、責任を取らない、常に否定的な態度を取る、感情をコントロールできず怒りや不満をそのまま人にぶつける……。こういう人が周りにいるとイヤな気持ちになります。私はそんな理不尽な人を見るたびに「反面教師」にしてきました。そして、「この人は私が上司になったとき、こんな上司にならないように、敢えて見本を見せてくれているんだ」と思うようにしてきました。

要領がいい人は、真似をしたい人から学ぶのはもちろん、真似をしてはいけない人からも学んでいるのです。

09

Quick on the uptake

即売り込みは逆効果！人間関係は、信頼を積むことが最強の武器

ＳＮＳで友達申請が届き、共通の友達も多く、顔写真もあって身元がハッキリしているので友達になると、すぐに商品を売り込んだりセミナーに勧誘してくる人がいます。そういった場合、私はすぐに友達を解除します。

仕事が速い人は、すぐに行動して結果を出します。確かに、決断を速くし、効率よく仕事を進めることは大切です。しかし、人間関係においては、急いで結論を出さず、あえて時間をかけることがうまくいくコツなのです。

要領がいい人は、まず「信頼」を積み重ねます。**人間関係は、時間をかけて築くことが成功への近道です**。特に、ＳＮＳを使ってすぐに商品を売り込むやり方は、とても短絡的です。友達承認した途端に、「これからはチャットＧＰＴの時代です。この講座に申し込みませんか？」と言ってきたり、さらに厚かましい人だと、「○○出版起業塾で一緒の○○です。初めて本を出しました。石川さんなら5冊くらい買える財力がありますよね（笑）、5冊ほど買ってください」と頼んでくる人までいます。

余談ですが、会ったこともない人から、ＳＮＳで税金の相談を受けることがあります。税金は、その人の収入や扶養家族、住まいなどによって変わるため、説明がとても難しいのです。文章で返信するのは、さらに大変です。無視していたら、「やっぱりタダじゃイヤですか?」と嫌味なメッセージが来たこともありました。

関係がまだ築かれていない段階で商品を売り込むと、信頼を一気に失ってしまいます。ビジネスは「信頼」によって成り立っています。その信頼を築くには時間がかかります。その一方で、**一度築かれた信頼は、どんな戦略よりも強力な武器**となるのです。

消費者は商品を買うとき、その商品だけでなく、提供する人や企業との関係を重視します。「誰から買うか」が大きく影響するのです。

心理学者ロバート・ザイオンスが提唱した「単純接触効果」は、**繰り返し接触することで、その対象に対して好感や親しみが増す現象**です。例えば、テレビで同じコマーシャルを何度も見ると、その商品に親しみを感じて買ってしまう。野球場で企業ロゴを何度も見かけると、その企業に好感を抱くようになる。定期的にメールが届くことで親しみがわき、その配信者の講演に行きたくなることもあります。

上司は、部下との親密度を深めるために、月に一度、居酒屋やスナックに連れて行こうとします。上司は自腹でご馳走するので毎月痛い出費になります。一方、部下はプライベートな時間を楽しみたいのに上司に誘われ断れず本当は迷惑しています。そうするとお互い不幸です。それなら毎日声掛けをする。「おはよう」「分からないことない?」「順調?」と軽く声かけをするほうが親密度は上がり、上司は出費をすることなく、部下はプライベートな時間を邪魔されずにすみます。

私の友人は音声アプリを利用して「耳ビジ」というビジネス書を朗読する番組を朝8時から毎日放送しています。視聴者は200名を超えています。毎日接触しているので親密さがどんどん深まっています。無料で有料級のコンテンツが聞けるため視聴者は恩返しをしたい気持ちになります。そのため、彼女が本を出版すれば、たちまち応援団ができ、セミナーや懇親会を開けば、すぐに満員になるのです。

「急がば回れ!」という言葉通り、**要領がいい人は遠回りしても「信頼」を積み上げているからこそ、成果を上げられる**のです。

第5章

要領をよくするための環境整備

Quick on the uptake

01

続けるための鍵は初動にあり！
準備ゼロで
結果を出す行動力！

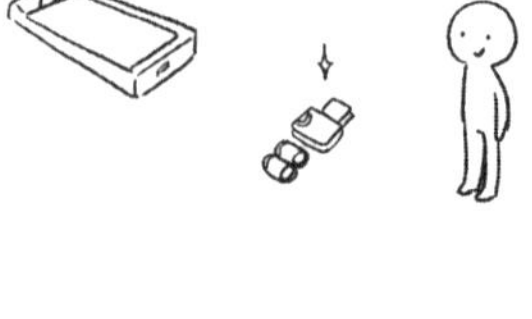

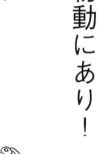

要領がいい人は、日々の生活や仕事で無駄をなくし、効率よく進めることを常に考えています。特に大切なのは「最初の動き」です。

私が初めて通ったスポーツジムは長続きしませんでした。その原因は、準備が面倒だったからです。

ジムに行くには、上下のスエット、靴下、タンクトップ、タオルを用意しなければなりません。でも、前に使ったものはカバンの中に入ったままで、それを取り出して洗濯し、新しいものをクローゼットから出す必要があります。**その一連の作業を頭で考えているうちに面倒になってしまう**のです。

これが原因で、ジム通いをやめてしまいました。

今通っているジムが続いている理由は、スポーツウエアやタオルがすべてジムに用意されているからです。何も準備する必要がなく、手ぶらで行くだけで大丈夫です。行く前に「これを準備しなきゃ」と考えることもなく、すぐにジムに向かえます。

以前のジムより料金は高いですが、どれだけ安くても通わなければ意味がありません。

私は「すぐに行ける仕組み」をお金で買ったのです。

「結果にコミットする」で有名なＲＩＺＡＰグループ株式会社が、全国展開しているのが「チョコザップ」です。低価格で24時間営業、無人受付なので入ったら10秒で運動が始められます。服装は自由で、靴も履き替える必要がありません。**つまり、着替えや靴の準備でさえ不要なので、準備にかかる時間はゼロ**です。続けやすい工夫がされています。

すべての行動において次のステップを見越した準備をしておくとリズムよく物事を進めることができます。仕組みを作っておくことが、無駄な時間を削減し、余裕を持って行動するコツなのです。

ハーバード大学の心理学者ショーン・エイカー氏が提唱した「20秒ルール」。人は取りかかるまでの手間を先延ばしする傾向にあります。そのため、いい習慣を増やすには、**その行動を始めるまでの手間を20秒だけ減らす**といいと言われています。

例えば、ギターを習い始めのとき、ギターが屋根裏部屋などの遠くにしまわれていると、取り出すのにかかる20秒が障壁になり、練習を続けるのが面倒になります。いつでも弾けるようにギターケースから取り出して、使いやすい場所に置いておけば、20秒が削減され、練習に取りかかりやすくなります。

京都大学名誉教授の故大島清氏は、「部屋の片づけはしない。なぜなら、手をのばすと読みたい書籍、弾きたいピアノ、かけたい音楽、すぐに手に取れ、実行しやすくなるからだ」とおっしゃっていました。20秒の障壁を削減していたのです。

ビジネスでも、プロジェクトに関する資料をすべてクラウドに保存し、デバイス間で即座にアクセスできるようにして、必要な情報をすぐに取り出せるようにする。Excelや PowerPoint など、日常的に使うアプリケーションのショートカットをデスクトップに配置し、即座に作業を開始できるようにする。このように初動の手間を減らす仕組みを作っておくと行動に取りかかりやすくなります。

要領がいい人は、次の行動にすぐ移れるように工夫をしています。

反対に、要領が悪い人は、次のステップを考えずに動いてしまい、無駄な動きが増えてしまいます。

初めの動きが遅くならないようにするためには、事前に準備をしておく習慣をつけ、行動のハードルを下げることが大切です。

Quick on the uptake

02

会社の机は整理整頓、自宅の机は秩序ある無秩序に！効率二刀流の最適解とは

office

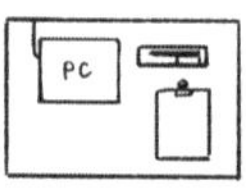

home

職場の机が散らかっていると、仕事の効率が落ちてしまいます。

もらった名刺や使わないホチキス、定規、客先からいただいて食べた煎餅の袋カス……散乱した机では、目の前の仕事に集中できません。資料や文房具を探す時間が増え、**仕事のリズムも崩れ、探し物に時間を取られることで、生産性は下がってしまいます**。

例えば、物が散らかっていると電話がかかってきたときに仕方なく書類の裏に要件を書き、大抵はどの書類の裏に書いたか分からなくなり、探す手間も増えます。

一方で、机が整理されていると、必要な物をすぐに見つけられ、無駄な時間を減らすことができます。

私は、今取り組んでいる仕事に関係する物だけを机に置くようにしています。使い終わった電卓はすぐに片づけ、目薬もさしたらすぐに机の中にしまう。こうすることで目の前には本当に必要な物だけが残り、自然と集中しやすくなります。

あなたも机の上のひとつひとつの物に「今、本当にこれが必要なのか？」と、見つめながら問いかけてみてください。私自身、この見直しを通して、ペン立てや置き時計が自分には不要だと気づきました。また、花粉症の季節以外はティッシュも使わないので、机の2番目の引き出しにしまっています。

机の上を整理することは、ただ見た目を良くするだけでなく、仕事の効率や集中力を高め、無駄な時間を減らす効果があります。

要領がいい人は、整理整頓が得意です。片づいていると、余計なことに気を取られず、仕事に集中できます。

プリンストン大学の研究によると、脳は「整った状態」を好むため、周りが「散らかっている」と負担がかかり、視覚的な刺激が多すぎると、脳に余計な負荷がかかり、集中力が落ちると報告しています。

ただし、自宅の机は注意が必要です。

もし資格試験やスキルアップの勉強を続けているなら、無理に整理整頓はしない。**昨夜勉強したままの状態**にしておきましょう。

自宅の机は誰かが見に来るわけでもないので、気にする必要はありません。朝起きたら、すぐに机に向かって勉強などの目的の行動を始める。

大切なのは、前述した「20秒の法則」、初動を速くするためには、準備に時間をかけないことがポイントです。もちろん整理整頓をしないとは、無秩序に散らかしておくという意味ではなく、昨日の勉強の続きができるようにテキスト、問題集などが寝る前と同じ状態になっているという意味です。

朝起きるのが苦手な人にとって、**勉強するか寝ているかが勝負**です。気持ちいい布団に打ち勝つためには、**机にさえ向かえば勉強できる環境を整えておく**ことです。

途中で中断したほうが記憶に残りやすいという「ツァイガルニク効果」もあります。勉強を区切りのいいところで終えるよりも、少し途中で止めておき、朝からその続きをやる方が、始めやすく、記憶にもしっかり残りやすくなるのです。前日の夜に少しでも勉強に手をつけておけば、翌朝はその続きをするだけです。

また、机を片づけずに寝れば、その手間が省けます。朝起きたときも、準備をする必要がなく、すぐに勉強や作業に取りかかれるので、スムーズに動けるのです。**朝の大切な時間に準備の手間を省けます**。たとえ数分でも、1か月、1年、5年と積み重ねれば、けっこうな時間になります。また、**何を準備するか決断する回数をひとつ減らせます**。

要領がいい人は、会社の机は徹底的に綺麗にします。逆に、自宅の机は片づけずに起きたらゼロ秒で勉強できる体制をとっているのです。

03

Quick on the uptake

探す時間ゼロ！収納場所を決めると解決する

「整理」と「整頓」は違います。

「整理」とは、必要なものと不要なものを分けて、不要なものを捨てることです。

「整頓」とは、整理した後に必要なものを使いやすい場所にきちんと並べたり、決まった場所に置いたりすることです。

要領がいい人は、物の定位置を決めて、使った後は必ずそこに戻します。これによって物を探す時間が大幅に減るのです。

こんな経験はありませんか？　玄関の鍵がなかなか見つからず、友人に「またか」と苦笑いされる。先方はもう名刺を出して待っているのに、自分の名刺が見つからなくてオロオロする。クリーニング屋さんで、ポイントカードがすぐに出せなくて、後ろで並ぶ人たちの視線が気になる。これらはすべて、過去の私の実体験です。

解決策は簡単でした。収納場所を決めるだけでいいのです。定位置が決まっていないから、物がすぐに見つからないのです。

今では、鍵は必ずスーツ（か上着）の右ポケットに入れると決めています。自宅の玄関で鍵を探すことはもうありません。

名刺入れも、カバンの取り出しやすい内ポケットに入れておき、挨拶前にはスーツの内ポケットに移動させています。会社に戻ったら、いただいた名刺を整理し、配った分の名刺を補充するようにしています。

クリーニングのカードは、財布のカード入れの上から2番目に収納しています。財布には、クレジットカードやクリーニング、整骨院のカードが順番に入っていますが、配置が決まっているので、すぐに見つけられます。カードを使うときは、まるでテレビコマーシャルに出てくるタレントのように、「ピッ」とスマートに取り出せます。

どこに何を収納するか決めているからこそ、いつでもすぐに必要なものを見つけられるのです。

会社でも、一番上の引き出しの収納ボックスには、毎日使う筆記用具しか入れないと決めています。

私は、4色ペン、シャープペン、消しゴム、黄色の蛍光ペン、18センチの定規しか入っていません。決めておけば探さなくても、いつでも、そこにあるのです。

チームの共有スペースでも、どこに何を置くか決めておくと便利です。そして、使った人は必ず元の場所に戻すことをルールにしましょう。

私が働いていた専門学校では、ハサミ、ホチキス、朱肉など、講師が共有して使う文房具類は、すべて置く場所が決まっていました。

また、共有スペースでは、誰にでもわかるように収納場所を表示しておくことが重要です。ある牛丼屋さんでは、醤油や唐辛子、ドレッシングなどの調味料の置き場所が、テプラのシールで明確に表示されています。お客様はそのシールを見て、使った調味料を元の場所に戻してくれるので、店員が調味料を整理する手間が減ります。

これは、置き場所が決まっているからこそできることです。もし置き場所が決まっていなければ、お客様はどこに戻していいかわからず、適当に置いてしまうでしょう。整理整頓された共有スペースでは、誰もがわかるように収納場所を決めておくことが大事です。

整理整頓は、ただの「片づけ」ではなく、ビジネスにおける効率や生産性を高めるための重要な方法なのです。

Quick on the uptake

04

トンネルの先に光を！
要領がいい人の
目標設定術

人は、ゴールが見えているからこそ頑張れます。

真っ暗なトンネルでは、たとえ10メートル先に出口があっても、見えなければ進むのをあきらめ、やめてしまうかもしれません。しかし、100メートル先に光が見えていれば、たとえ遠くても、這ってでも出口に向かって頑張ろうとできるのです。

建設の現場では、朝礼や打ち合わせで仕事の全体像や進み具合を部下に伝える所長と、言葉少なで全体像を部下に伝えずに枝葉の部分だけを指示する所長がいます。

後者の組織だと、所長自身は全体の工程を把握していますが、部下は、この作業に何の意味があるのか、どれだけやれば終わるのか、明日は何をするのか、全体像が見えていないため、モチベーションは下がり、効率も悪くなります。

このような状況は、他の職種でも同様です。人はゴールが明確で、そこに向けた道筋が見えないと、モチベーションが低くなり、要領よく動けないのです。

目標を持つことが重要です。心理学者エドウィン・ロック氏の提唱した「目標設定理論」は、目標が人のモチベーションにどのような影響を与えるかを研究した理論です。ロック氏は、具体的な目標があると、人はそれに向かって努力を続けやすくなり、結果を出しやすくなると述べています。

この理論は、前述した建設現場で、全体の工程を理解し、ゴールに向かってどう進めばいいかを知っている人が、効率よく動ける理由を説明しています。

反対に、ゴールがはっきりしていない状況だとモチベーションは下がります。全体の工程を知らない部下は、毎日の作業がどこに向かっているのか見えないため、自分の役割や貢献を感じられず、やる気を失ってしまうのです。

リーダーは、メンバーに対して**ゴールを明確に伝え、そこに至る道筋を示すことが重要**です。定期的に進捗状況を報告し合ったり、目標を再確認したり、達成すべき中間目標や各工程の区切りを設定して共有することで、メンバーは自分の役割を理解し、効率よく働けるようになります。

また、チーム全体が一緒にゴールに向かって進める環境も大切です。リーダーが全体のビジョンをしっかり共有し、メンバーもそのビジョンに向かって協力して動くことで、チーム全体のモチベーションが上がり、効率もよくなります。

さらに、ゴールがはっきり見えていると、無駄な作業や時間のロスが減り、要領よく動けるようになるのです。

このように、ゴールがはっきりしていることが、効率的に動いたり、やる気を高める大事なポイントになります。リーダーは、メンバーがゴールを見失わないようにサポートし、全体のビジョンをしっかり共有することが大切です。そうすることで、チーム全体がひとつになってゴールに向かって進み、最終的には大きな成果を上げることができます。

これはプロジェクトのリーダーだけでなく、上司や先輩といった立場の人にも当てはまります。

また、ひとりで仕事の計画を立てるときも同様です。ゴールが明確であればあるほど、効率的に、そしてモチベーション高く動くことができます。その結果、より高い成果を生み出すことができるのです。

Quick on the uptake

05

フセンはオブジェ？
要領が悪い人のタスク管理
フセンの5つの落とし穴

上司からの指示、客先からのメール、部下からの相談を同時に対応することはできません。上司からの指示を最初に実行するなら、他の2つはノートに書き留めて後から対応する。他の案件が気になっていると、目の前の仕事に集中できません。

フセンに書き留めておく方法もあります。私も以前、パソコンの画面の両サイドにペタペタとフセンを貼り、タスクが終わるたびにそれをはがしてゴミ箱に捨てていました。しかし、フセンを使うことは、次の5つのデメリットがあります。

① 目につきすぎる

フセンに書き出すと、頭の中からタスクを引き出すことはできますが、パソコンの画面に貼ってしまうと、見るたびにそのタスクを思い出してしまい、目の前の仕事に集中できません。もしフセンを使うなら、ノートに貼るなど視界に入らない場所に貼ってください。以前観たTBSのドラマ『わたし、定時で帰ります。』では、仕事が速く終わるスキルを持つ主人公が、**もう使っていないパソコンの画面**にフセンを貼ってタスク管理をしていました。

② 気にならなくなるリスク

ひとつめのデメリットと矛盾するようですが、同じ場所に長期間フセンが貼られたままだと、次第にその存在自体が気にならなくなり、オブジェやカレンダーのような扱いになります。これは、環境に慣れてしまう「馴化《じゅんか》」という心理現象で、人間の脳はこうした状況に驚くほど適応してしまうのです。

③優先順位をつけることができなくなる

フセンは全体を見渡しづらくさせ、どれを優先するべきかの判断しにくくさせるため、無意識に簡単なタスクから片づけてしまうことが多いのです。そうすると、最後に難しいタスクばかりが残ります。特に午後は集中力が落ち、難しい作業が余計に大変になります。

一方、ノートにタスクを書き出せば全体が把握しやすく、優先すべき仕事に番号やマークをつけて効率的に進めることが可能です。

私は、タスクを重要度に応じて、SA、A、Bなどのグループに分けています。もっとも優先順位の高いものをSA、次に重要なものをA、重要ではないけど緊急なものをB、集中力が落ちたときに行うC、余力があれば行うDに分け、タスクの横に記入しています。

フセンを使うなら、毎朝、優先順位の高いものから並べ替えるのがおすすめです。これによって、前述の「気にならなくなる」リスクも防げます。毎朝、貼ったフセンを優先順位の高い順に並び替えて、残っているタスクをしっかり確認することが重要です。

④過去を振り返ることができない

タスクが終わるたびにフセンをはがしてゴミ箱に捨てる動作は、達成感があり気持ちがいいですが、過去の記録として残せません。そのため、「去年の今頃はどんな仕事をしていたのか」「どれくらいの時間がかかっていたのか」といった振り返りができません。一方、ノートを使えば、日付を書くだけで「去年の今頃は何をやっていたか」「どれくらいのスピードで進められたか」を簡単に確認できます。これにより、**昨年の自分と比較して成長を実感する**ことも可能です。

⑤タスクの期限がわかりにくい

最後に、これが最も重要ですが「そのタスクの期限がわかりにくい」ことです。ノートも必ずしも「いつまでに」と期限を書くわけではありませんが、ノートにタスクを一覧にすることで全体を俯瞰でき、どのタスクをいつまでに終わらせるべきかが一目で把握しやすくなります。少なくとも「このタスクは急ぎだ」「今日はこの仕事が締め切りだ」といった**優先事項をすぐに認識できる**のです。

このように要領がいい人は、フセンでタスクを管理するデメリットに気づき、ノートでタスク管理をしています。

Quick on the uptake

06

仲間とは何か？
限界を打ち破るのは
いい仲間との競争です！

「いい仲間は自分を高みへと押し上げてくれる」というのが私の持論です。

こんな実験の話があります。ノミをケースに入れて蓋を閉めると、ノミは何度も蓋にぶつかります。通常は体長の150倍も飛べるノミですが、蓋にぶつかり続けると、蓋を取っても、その高さまでしか飛ばなくなるというものです。自分で限界を決めてしまうのですね。

しかし、簡単に限界を超える方法があります。ケースにもう1匹のノミを入れるのです。そのノミが高く飛んでいるのを見て、最初のノミも「自分も飛べるかも?」と高く飛べるようになるというのです。

ただ、これは実際に記録がなく、作り話かもしれないと私は思っています。


しかし、人間の世界にも似た話があります。

イギリスの陸上選手、ロジャー・バニスター氏が、世界で初めて1マイル(約1・6キロ)を4分以内で走る記録を作りました。それまでは「人には無理だ」とされ、医者からも「自殺行為だ」とまで言われていたのです。しかし、1954年5月6日、彼は3分59秒04という記録を達成し、不可能と思われていた「4分の壁」を破りました。

問題はここからです。驚くことに、その46日後、別の選手が3分58秒の記録を出したのです。そして1年以内に30人以上の選手が4分の壁を突破したのです。

この現象は「バニスター効果」と呼ばれています。この話を聞いたとき、「いい仲間は自分を高みへと押し上げてくれる」という私の考えが確信に変わりました。

新記録が出たすぐ後にさらに新記録が出るように、「自分には無理だ」という考えが「自分にもできる」というメンタルに変わる。**その変化には、ライバルやいい仲間の存在が欠かせません**。

私が税理士試験の勉強を専門学校でしていたときのこと。

最初は成績が振るわないダメダメグループにいました。模擬試験の前日も「景気づけに飲みに行こう!」と居酒屋に行き、合格点が70点なのに「君は25点か、俺は35点だ、勝った!」といった低レベルな争いばかりしていました。

模試が終わると「お疲れ様会だ!」と、また飲みです。毎日が何かと理由をつけて飲み会三昧。

その後、このグループを離れて、真剣に勉強する仲間のグループに入りました。

模試の前はみんなで一生懸命勉強し、励まし合い、疑問点があれば質問し合い、出題傾向を一緒に予想しました。模試の点数でジュースを賭けることもありました。普段は励まし合っていた仲間が、時にはライバルとなって競い合い、お互いを高め合う関係です。試験後も「A君は90点か、俺は88点、惜しいな」といったハイレベルな争いをし、間違えた箇所を復習してからお疲れ様会で飲みに行くようにしていました。

10年後……このグループの全員が税理士になりました。

一方、最初にいたダメダメグループは、誰一人として税理士になれませんでした。

いい仲間は、自分を高みへと押し上げてくれる大切な存在です。

人は、似た者同士で集まります。しかし、お互いが違ってきたときには、どちらかが離れていくものです。友だちが変わっていくのもこれが理由です。いい仲間と一緒にいるためには、自分もスキルや専門性を磨き続ける必要があります。

この努力を続けることで、さらにいい仲間と出会え、自分自身も成長し、さらに高みへと進んでいけるのです。

Quick on the uptake

07

要領がいい人がやっている プライベート時間を作る たったひとつの簡単な方法

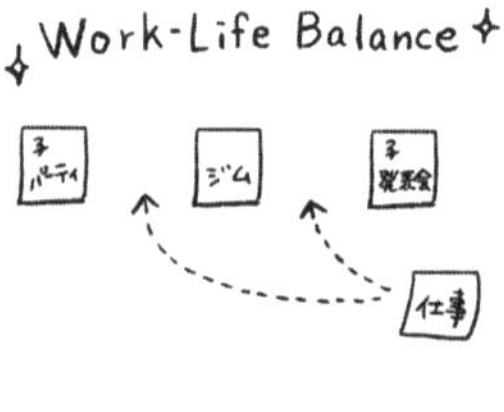

あの人はなぜ、あんなに仕事が忙しいのにプライベートも充実しているのか？

要領がいい人は、旅行、映画、飲み会、スポーツジム、パーティー、その他の趣味など、自分の好きなことをして、充実した人生を過ごしています。

忙しくても自分の時間を作れるのは、ある簡単な習慣を実行しているからです。

その習慣とは、**スケジュール帳に仕事よりも先にプライベートな予定を入れる**。たったそれだけです。

例えば、あなたも「大阪出張」と手帳に書いていたら、その日時には他の予定を入れませんよね。大阪なのに、東京での商談を入れたら、ダブルブッキングになり、信用を失います。予定のある日に他の予定は入れません。同じことです。先にプライベートの予定を書き込んでしまえば、そこに他の予定を入れられなくなります。

予定を書き込むと、他にもいい効果があります。**その予定の前に重要な用事を済ませようとすること**です。

例えば、家族と18時から食事に行く予定を入れたら、その日がどれだけ忙しくても、約束の時間までに終わらせようと集中します。まさに私も今、1時間後に家族と焼肉屋さんに行く約束をしていて、この原稿を急ピッチで書いています。

予定は締め切り意識を高めるための有効な手段。プライベートの予定を確保することで優先順位の高い仕事を先に行うようになります。

18時以降も仕事する時間があると思うから先延ばしにするのです。この後、予定があるなら、すぐに動き出します。それまでに仕事を終わらすための強力な動機付けになります。デッドラインが明確なので、無駄な時間を減らし、効率的に仕事を進めます。

予定を入れることで、締め切りが生まれ、作業に取り組むときの緊張感が増し、結果として仕事の質とスピードが向上するのです。

タイムマネジメントの専門家であるローラ・ヴァンダーカム氏は、プレゼンのイベントTEDで、「優先順位次第で時間は作り出せる。ある多忙な人は、給湯装置が壊れ修理に7時間を使いました（壊れると周囲が水浸しの大惨事になるので修理は最優先）。もしトライアスロンに7時間を取れたかと聞かれたら、時間がないと言ったでしょう。

しかし、緊急事態には対応できることから、時間の使い方は自分次第で変えられる。重要なことを『壊れた給湯装置』と同じように扱うことが時間管理の鍵」と言っています。

また、予定を他人に伝えることで、人は実行しようとします。「海外旅行に行く」「行政書士の勉強をする」「ジョギングをする」、**人は言葉や文章で自分の考えを公言すると、その考えを最後まで守ろうとする傾向があります（行動宣言効果）**。

さらに宣言することで、余計な誘いや誘惑をさけることができます。例えば「資格試験の勉強をしている」と伝えておけば、遊びに誘われなくなりますし、「ダイエット中」と言えば飲み会への誘いも減ります。何も言わずに断るのはエネルギーを使いますが、あらかじめ宣言しておけば、そもそも誘われにくくなります。仮に誘われてもはっきりした理由があるので、相手も納得しやすくなります。

ベストセラー作家の本田健氏は、「仕事を頑張りすぎ、目標を立てすぎて、大切な家族との時間を失うのは本末転倒」と言っています。プライベートの予定を先に入れるだけで、人生の重要な側面である家族や個人的な時間を犠牲にすることなく、仕事とプライベートのバランスが取れた生活が実現できるのです。

要領がいい人がプライベートの予定を先に組み込んでいるのは、仕事の効率を最大化すると同時に、自己のライフスタイル全体を充実させるためなのです。

第6章

問題解決能力を磨けば要領はよくなる

Quick on the uptake

01

問題の所在を明確化し視覚化する30年以上実践する問題解決のシンプルな方法

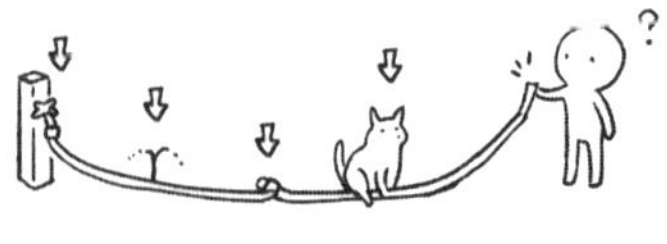

要領がいい人は、目の前の問題や課題を解決する能力に優れていて、状況をしっかり見極め、素早く効果的な対策を打ち出しています。

まず、問題が何かをはっきりさせます。

大学時代、論文を書くときも、私はまず**「問題のありか」を明確にする**ことから始めました。このポイントがずれると、解決する答えもずれてしまいます。そして、頭で考えるだけでなく、**紙に書き出し視覚化する**ことで、曖昧な部分や疑問点を整理していました。

30年以上たった今でも、この方法は変わりません。さらに、今では上司や担当部署に相談して、疑問を解消することもあります。問題が複雑な場合は、**関連する情報を集めて分析**します。大型書店で関連書籍を探したり、専門家に質問することもあります。

ネット検索も便利ですが、信頼性のない情報が混ざっているため注意が必要です。信頼性の高いサイト（政府機関や有名なメディアなど）を使い、解釈や加工が行われていない一次情報を探す。また、引用元や参考文献が明示されているか確認することも大切です。

では要領がいい人が、問題を解決するためにどのような対応をしているのか。以下の点が挙げられます。

① 優れた判断力

たくさんの情報の中から、本当に大切なポイントを見抜きます。仕事で予想外のトラブルが起きたときも、すぐにその原因を突き止めて、解決に向けた行動を素早く取ります。

そのためには、まずは焦らずに状況に向き合う。次に、トラブルの規模を確認し、必要があれば上司や関係者に連絡を入れます。その後、情報を集めて「何が原因か？」を考え、仮説を立てます。ここで重要なのは、**ひとつの原因に絞らず、複数の視点から考えること**です。例えば、人的ミスなのか、システムのエラーなのか、あるいは天候などの外的要因なのか、あらゆる可能性を洗い出します。原因が複数ある場合は、優先順位を決めることが大切です。**影響が大きいもの、早急に対応が必要なものから順番に解決する**。これにより、混乱を防ぎ、効果的にトラブルに対処できます。

② 柔軟な思考と経験の活用

過去の経験を活かし、柔軟に問題を解決します。**ひとつの方法がうまくいかないときは、すぐに別の方法を試す**ことができます。

③効果的なコミュニケーション

問題が大きいと、ひとりで解決するのは難しくなります。そのため、上司や関係者に相談して協力を得ることが大切です。スムーズに情報を共有するためには、**状況をわかりやすく伝え、具体的に協力をお願いする**ことがポイントです。必要に応じて、チームで役割を分担しながら解決に取り組む。大切なのは、ひとりで抱え込まず、**周囲に頼る勇気を持つ**ことです。

柔軟な思考力を鍛えるには、普段から**クリエイティブな発想力を磨く**ことが大切です。私は、ブレインストーミングを考案したアレックス・オズボーンの「**7つの視点**」を参考に、日常的にアイデアを考えるトレーニングをしています。例をあげてみましょう。

1. 転用：使い道を変える。バケツを植木鉢として使えないか、買い物の荷物を運ぶ道具として活用できないかなどと発想する。

2. 応用：飲食店の「食べ放題メニュー」をヒントに、セミナーの「1か月受け放題」プランを考えてみる。

3. 変更：建設現場の立て看板を、「ゆるキャラ」のデザインに変えることで親しみやすくすることを考える。

4. 拡大：高齢者向けセミナーで資料の文字を大きくする工夫をする。

5. 縮小：資料を1枚にまとめ、見やすく簡潔にすることを目指す。

6. 代用：プラスチック製品を環境に優しい紙素材に置き換える。

7. 再配置：土木や建築、事務の仕事を1週間ずつ体験し、互いの仕事を理解し合う取り組みができないか、といった考えを持つ。

Quick on the uptake

02

ひとつの仕事から無限の可能性を！要領がいい人のレバレッジの極意

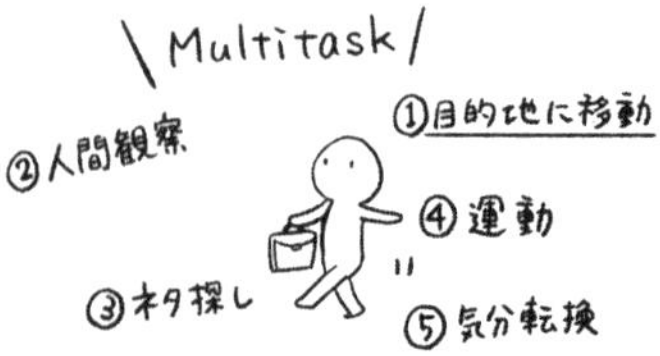

私は「時間術」や「会計」をテーマにセミナーを行っています。このセミナーは一度きりではなく、他から依頼があれば、同じ内容で何度も開催できます。

さらに、オンラインでも開催できます。それだけではありません。セミナーの内容をDVDやCD、デジタル配信として販売したり、ブログやメルマガ、SNSに投稿することもできます。ユーチューブやインスタで配信も可能です。

また、その内容を基に書籍を出版したり、小冊子や電子書籍として販売することもできます。その書籍がベストセラーになれば、講師としての評価がさらに上がり、次のセミナーや講演の依頼が増えるといういい流れも生まれます。

ビジネスでも同じです。要領がいい人は、ひとつの仕事を「単独」で終わらせず、その仕事から新しい価値を引き出し、複数の収入源や影響力を作り出します。**その仕事が他で活用できないか、または派生させる方法を考える**のです。これを「レバレッジ」と呼びます。

レバレッジは、「普通の商売や営業、販売では難しい」と思うかもしれませんが、セミナーコンテンツの転用だけではなく、ひとつの動作で複数のタスクをこなす「一石二鳥」のような行動も含まれます。

次のような行動を意識すると、効率が上がり、要領よく仕事を進められます。

営業訪問の効率化　客先を訪問する際、近くにいる他の顧客や見込み客のところにも立ち寄る。近くの市場や店舗を見て、マーケティング調査を行う。

出張時の資料作成　出張中の飛行機や新幹線での移動時間を活用して、報告書やプレゼン資料を作成する。

ベストセラー『残念な人の思考法』（山崎将志著　日経ＢＰ）のプロローグに衝撃的な話があります。

著者が新幹線でコーヒーを飲みながら、雑誌を読み始めたところ、誰もが知る有名な経営者が乗り込んで来ました。彼はコートを脱がず、すぐにカバンからパソコンを取り出し、背筋を伸ばして黙々とキーボードを叩き続けます。名古屋に着くときも手を止めないため降りないんだろうと思っていると、停車直前にパソコンを片づけ、カバンにしまい、足早に降車していったそうです。著者が暇つぶしに週刊誌を読んでいる間、早朝からフル回転で仕事に没頭する彼とのギャップに驚いたというエピソードです。私も、この本を読んでから新幹線や乗り物では仕事に集中するようになりました。

会議後の情報共有　社内会議が終わったら、その場で必要なメンバーに情報を共有し、次の行動計画を確認する。

ランチミーティング　昼食をとりながら、取引先や社員とミーティングを行う。

外出時の効率化　外出する際は、訪問先だけでなく、銀行や買い物にも立ち寄る。

移動中の電話会議　車やタクシーでの移動中に、電話会議やオンライン会議を行う。

「マルチタスクは、注意散漫になりミスが増えるので、シングルタスクで一点に集中することが重要」と前述しました。ただし、すべてのマルチタスクが悪いわけではありません。ジムに行ってエアロバイクに乗りながら、本を読む。歯を磨きながら、オンライン授業を視聴する。シャワーを浴びながら、今後の計画を立てる。これら「脳と身体」を同時に使うのはOKです。それどころか脳を使いながら身体を動かすことで記憶の定着につながるとも言われています。

レバレッジを効かせて、ひとつの動作で複数のタスクをこなすことで、時間を有効に使い、生産性を高め、要領よく仕事を進めることができるのです。

Quick on the uptake

03

全力よりも効率！
全力20%と、抜きどころ80%を把握する

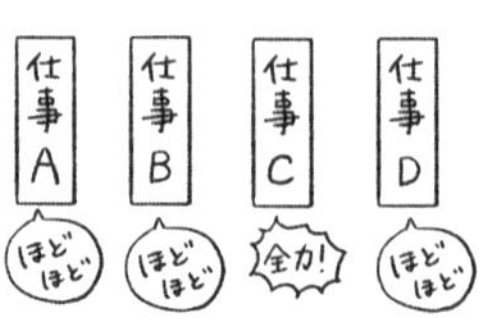

プロ野球で、最後まで投げ切る完投型のピッチャーは、ただ力任せに投げ続けているわけではありません。どこで力を抜くべきかをしっかりと判断しています。

例えば、ランナーがいない場面で9番バッターと対戦するときや、試合の序盤で相手がまだ調子をつかめていないときなど、全力ではなくコントロールを重視して投げ、スタミナを温存します。そして、試合が後半になり、ピンチが訪れたときこそ、すべての力を注ぎます。

こうして、場面に応じて力の入れどころと抜きどころを判断し、スタミナをうまく配分することで、最後まで投げ抜くことができるのです。昔の名ピッチャーたちもこのやり方で長いイニングを投げ、チームの勝利に貢献してきました。

仕事も同じです。名ピッチャーのように、要領がいい人は、すべての仕事に全力を注ぐのではなく、力の抜きどころをうまく見極めています。

一方、要領が悪い人は、どんな場面でも全力を出そうとするため、大事な場面で十分な成果を出せなくなることがあります。

パレートの法則では、「成果の80％は、かけた努力の20％から生まれる」と言っています。この重要な20％を見つけ出すことが重要です。20％を見つけ、その部分にリソース（時間や労力、お金など）を集中させるのがポイントです。

具体的には、営業が月の売上の80％を生み出している20％の顧客に重点的にアプローチしたり、クレームの80％を引き起こしている20％の商品を改善したりするのも、この法則に基づいています。

「チカラの抜きどころ」とは、重要でない部分に無駄な努力をしないことです。すべての仕事を完璧にしようとすると、時間が足りずに残業になったり、集中力が切れて大事なところでミスをしてしまったりします。効果的に成果を出すためには、どこに力を入れ、どこで手を抜くかをうまく見極めることが大切です。

例えば、新しいプロジェクトを始めたら、まず全体像をつかみます。そこから、成功に直結する部分を見つけ、集中して取り組みます。心理学者のリチャード・ワイズマン氏は「成功するためには、目標をはっきりさせ、それを小さなステップに分けることが大事だ」と言っています。各ステップのなかで、どこが成功につながるかを見極めて、そこに力を注ぐことが重要です。

前述した「決断疲れ」とは、たくさんの決断を繰り返すことで人は疲れ、判断力が鈍る現象です。まずは、自分の仕事のなかで、どの部分が成果に直結しているかを分析し、そこに力を集中させる習慣を作りましょう。そして、力を抜くべき部分を見極め、そこに無駄なエネルギーを使わないようにします。力を抜いていい作業は、集中力が落ちている時間帯に行うと効率的です。

私は、午前中が一番集中力の高い時間帯です。この時間に重要な20%の仕事を片づけてしまいます。そのため緊急性のない打ち合わせなどは意図的に入れないようにしています。20%の仕事は、緊急かつ重要で難しくて面倒なことが多いのですが、これを午前中に終わらせると気持ちがラクになります。もし時間がかかっても、午後に余裕があるのでカバーできます。13~15時は集中力が落ちる時間帯。その時間には、メールの返信や書類のチェックなど、緊急だけど重要度が低い仕事を片づけます。同じ8時間でも、集中できる時間帯をうまく使い、パレートの法則を活用すれば、全体の作業効率がぐんと上がります。

Quick on the uptake

04

ビル・ゲイツはなぜ大変な仕事をナマケモノに任せたのか？

仕事で成功している人は、「努力家で、あきらめずに最後までやり遂げる人」というイメージがあります。面倒なことにも取り組み、何度も挑戦し、自発的に行動する。それ自体はとても素晴らしいことです。

しかし、要領よく仕事を進める人に限って言えば、実は「ナマケモノ」が多いのです。逆に、要領が悪い人ほど、細かいところまできっちりやろうとする「マメ」な人が多いと私は考えています。

要領がいい人は、仕事を効率的にこなすために**最小限の努力で最大の結果を得る方法を事前に考えます**。

マイクロソフト創業者のビル・ゲイツ氏は、「大変な仕事はナマケモノに任せる」と語っています。その真意は、「ナマケモノは、実はただ怠けているのではなく、最もシンプルで効果的な方法を探し、時間や労力を最小限に抑えながら素早く成果を上げようとする。そのため、難しい仕事や手間のかかる大変な仕事ほど、ナマケモノに任せたほうが、仕事がスムーズに進むことが多い」ということなのではと、私は解釈しています。

そして、このナマケモノこそ、面倒くさがり屋であり、言葉は一見マイナスに聞こえますが、ここで言われている「ナマケモノ」は、仕事を効率的に進めることができる要領がいい人のことなのです。

一方、要領が悪い人は、丁寧で細かい作業を好み、細部にこだわりすぎて全体を見失うことがあります。その結果、作業効率が悪くなり、必要以上に時間と労力をかけてしまいます。

また、情報を集めすぎたり、分析に時間をかけすぎたりすることで、逆に決断ができなくなることもあります。この状態は「**分析麻痺**」と言い、考えすぎて行動に移れなくなることを意味します。

要領がいい人は、面倒を避けるために、よりラクして成果の出る方法を探します。

例えば、直接会う打ち合わせの代わりにＺＯＯＭなどのオンライン会議を活用することで、移動時間を省き、場所に縛られずにミーティングを効率化できないかと考えます。

専門知識が必要な場面では、最初から専門家に協力を仰ぎ、自分は得意分野に集中します。新しい仕事を一から調べるのではなく、まず過去の前例や似たケースを参考にするなど事前にしっかりと調査を行うことで、無駄な時間を省きます。

その他、手書きのメモをデジタルに移行する方法を探す。よく使うメールや文書のテンプレートを作成して繰り返し使えるようにする。パソコン作業ではショートカットキーを活用して頻繁に使う操作を効率化する。メールを自動でフォルダに振り分ける設定をして不要なメールの整理にかかる時間を短縮する。このように**面倒なことを回避するために、ラクな方法がないか常日頃から考えています**。

働き方改革、残業ゼロを目指すなら、「（いい意味で）怠けることを恐れず、いかに効率的に仕事を進めるか」を考えることです。**日本人はよくも悪くも「勤勉」「努力」「精進」という言葉が好き**です。投資やネットビジネスによる儲けを否定して、汗をかきながら働いて、稼ぐことが美徳とされてきました。

そのよきところも取り入れながら、**ラクをすることを否定的に捉えるのではなく、要領よく、効率の追求に活かす**。グローバルな社会になった今、国際競争をするうえでも要領がいい働き方は、必要になると私は考えています。

05

Quick on the uptake

仕事は、なぜ「暇な人」ではなく「忙しい人」に依頼するのか？

「仕事は忙しい人に頼め！」という言葉をよく耳にします。

でも、なぜわざわざ暇な人ではなく、忙しい人に頼むのでしょうか？　真剣に考察してみると、その理由がいくつか見えてきました。

時間管理のスキルが高い

忙しい人は、多くのタスクを抱えているため効率よく時間を使い、**優先順位をつける力が必要**になります。つまり、そうしなければ仕事をこなせないからです。だからこそ、新しい仕事が増えても、適切に計画を立ててうまく対応できるのです。

信頼と実績がある

忙しい人は、これまでにも多くの仕事をこなし、その結果、信頼を得て実績を積んできました。だからこそ、次々と仕事が回ってくるのです。この繰り返しで、さらに信頼と実績が積み重なります。そして、本人も頼まれた仕事を確実にやり遂げることで自信がつきます。

私も忙しいときにさらに仕事を頼まれると、「**お前はいつも最終的にやり遂げる。今回もきっとできる。今まで一度も失敗したことがないのだから**」と自分に言い聞かせ、その言葉をノートに書いてから仕事に取りかかります。そうすると結局、いつものようにやり遂げているのです。

課題解決能力が高い

忙しい人は、たくさんの問題に直面しますが、その中で迅速に解決策を見つける力を身につけていきます。新しい依頼が増えても、効率よくこなしながら仕事を進める能力が自然と養われていきます。

私も年を重ねるごとに多くの経験を積み、大抵のことは乗り越えられると信じています。実際に問題が起こっても、「ピンチだ、大変だ」と慌てずに、問題点を紙に書き出して整理し、難しい課題は上司や専門家に相談して解決してきました。

話はそれますが、仕事上のピンチなんて意外と大したことはないと思っています。

今、仕事で抱えているピンチを思い浮かべてみてください。そして、1年前の今日、どんなピンチがあったか思い出してみてください。おそらく、思い出せないですよね。

つまり、**今抱えている問題も、1年後にはすっかり解決していて、思い出すことすらできない**のです。どうせ覚えていないのなら、クヨクヨしたり、ネガティブに考えたりするのはやめて、さっさと行動に移したほうがいいですよね。

自分ひとりで解決できないなら、上司や先輩、同僚に相談して一緒に進めていくのがべストです。何度も言いますが、1年後には解決していて、思い出すことすらできないのですから。

モチベーションが高い

忙しい人は強いモチベーションを持っているので、多くのタスクをこなし続けることができます。私も、**「やらされている」ではなく「自分から進んでやっている」という意識が強い**です。

例えば、執筆、セミナーのコンテンツ作り、建設会社の資金繰りなど、どれも自らやりがいを感じ、積極的に行動しています。

出版した本が全国の書店に並ぶ高揚感、私のセミナーで受講生が新しいスキルを身につける達成感、資金繰りで会社がうまく回る充実感——こうした仕事の楽しさや貢献、成長を感じられるからこそ、モチベーション高く仕事に取り組めるのです。

「仕事は忙しい人に頼め！」という言葉は、忙しい人が効率的で信頼でき、問題解決能力やモチベーションが高いことから、安心して仕事を任せられるという考えに基づいています。つまり、忙しい人は要領がいい人なのです。

Quick on the uptake

06

要領がいい人は1年後の今日、会社を辞める！

20代のころ、会社が本当にイヤで仕方がありませんでした。中小の建設会社で経理として働き始めたのですが、今でいうブラック企業。簿記の知識ゼロで入社したので、先輩からは怒鳴られ、叱られる毎日でした。現場が一番、営業が二番、そして最下層に事務部門。現場の人からは「誰のおかげで飯が食えていると思ってるんだ！」と怒鳴られ、営業の人からは「事務はクーラーの効いた場所で仕事ができていいよな」と嫌味を言われていました。

退職届を常に上着の内ポケットに入れ、「今日こそこれを叩きつけてやる！」と、決意して会社に向かう電車に乗り込みました。午前中は言い出せず、昼ごはんは緊張で喉を通らず顔は真っ青。いつも不機嫌な上司が「お前、大丈夫か？ 今日は帰っていいぞ」と、こんなときに限って優しい言葉。朝の決意はどこかに消え、結局辞表を出せないまま帰社する、そんな繰り返しの日々でした。

この悪循環から抜け出すために、**「1年後の今日、会社を辞める」という明確な期限**を決めたのです。

毎日辞めたいと思っていたくせに、「退職届を出さなくていいんだ」と思うだけで、気がラクになりました。実は、辞めても独立や転職する力が自分にはまだないことを心の中では分かっていたんです。だからこそ、この1年は力をつけるために精一杯働こうと決意しました。まるで厳しい研修会社に1年間所属して、お金をもらいながら社会人としてのスキルを身につける、そんなイメージです。

決断した瞬間に観える景色がガラッと変わりました。

いつものコピー作業。昨日までは、スタートボタンを押してコピーが終わるまでアクビをしながら待っていたのに、さまざまな機能が目に飛び込んできました。「枠消し」「ブック中消し」「サンプルコピー」。ソート機能では、用紙を横入れでセットしていたが縦入れのほうが早い。

用紙とインクリボンの入っている戸棚がコピー機から遠い。近くの戸棚に入れたほうが無駄に歩かない分、時間短縮になる。

コピーを取るのは若手なのにコピー機から遠くに座っている。企画を考える先輩の真後ろにあるから、コピーを取られるたびに気が散って集中できないんじゃないか、本来なら配置転換が必要だ。

独立後に紙詰まりの対処がいち早くできるように、やり方を覚えよう。いつもは面倒だし、気づかれなければ放置していたのに、今は「早く紙詰まりにならないかなぁ〜」と心待ちにしている自分がいる（当時は紙詰まりが頻繁に起こる時代でした）。

苦手なコミュニケーション能力を磨いておこう。今まで通勤電車は寝る場所だったけど、今日からは書籍を読んで**ＰＤＣＡ（計画⇓実行⇓検証⇓改善）**を回そう。ビジネス書を1日1章ずつ読んで実践できるコンテンツを探す（Ｐ）。読んだら会社で実践する（Ｄ）。帰りの電車でもう一度その章を読んで成功したかどうか検証（Ｃ）して改善（Ａ）しよう。

会社を辞めるまで電車に乗る機会は２５０日として1年で２５０章。1冊につき平均10章として、退職までに25冊の本で実験ができるぞ。コピー取り、コミュニケーション、ＰＤＣＡを回す読書、**「1年後の今日、会社を辞める」と決めた途端に、苦行がトレーニングへと変化したのです**。

同じ出来事でも、考え方ひとつで意味はまったく変わります。物の見方を変えることには、強烈な効果があるのです。同じ状況でも前向きに捉える力は、要領がいい人が持っている特徴です。

そして1年後の今日、今の仕事が好きになり、さらなるキャリアアップが目標になっているかもしれません。何より有能になり過ぎたあなたを会社が手放さないかもしれません。仕事の効率を上げる要領がいい工夫を積み重ねることで、今後の自分に大きな力をつけることができます。

Quick on the uptake

07

定時がラストオーダー！時間内に終わらせる数値目標術

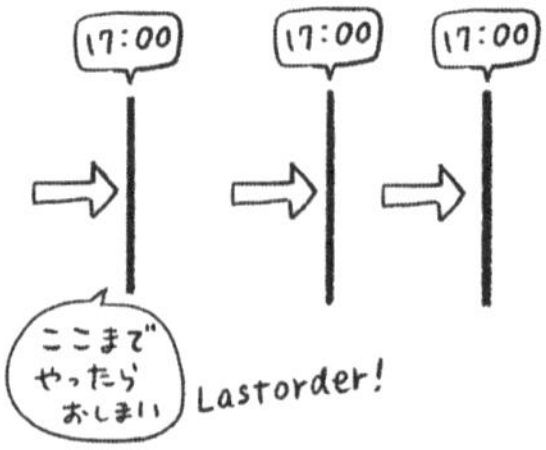

要領がいい人は、限られた時間で成果を出す仕組みを持っています。無限に続くような仕事でも、どこで終わらせるかを明確にし、効率的に働くことを意識しています。

子どものころ、「銀行の仕事は3時で終わるからラクそうだな」と思っていました。シャッターが閉まっても、行内で一生懸命働いていることに気づいていませんでした。

もちろん大人になった今は、その現実を理解しています。17時以降に電話をかけると「本日の業務は終了しました」とアナウンスが流れる会社もありますが、電話のすぐそばで働き続けている社員がいることにも気づいています（笑）。

セミナーで、「2時間短縮できれば、8時まで残業している会社は理論上6時に帰れる。7時なら理論上は5時」という言い方をよくします。

なぜ「理論上」なのか。

それは、短縮しても空いた時間に他の仕事を入れてしまうからです。2時間空いても、空いた時間に新しいタスクを入れる、もしくは上司に入れられて、結局は帰れないのです。

どれだけ仕事を効率よく片づけても、忙しい会社では次から次へと仕事が舞い込んで来ます。工事現場が終わった、芸術家が作品を仕上げた、経理部で決算が終わったなど、仕事が完全に片づく瞬間はありますが、それは稀なケースです。そして、工事が終われば検査が必要ですし、作品が完成すれば片づけがあり、決算が終わったら先延ばししていた他の仕事に取りかかる必要が出てくるのです。

仕事が早く終わる社員が、次々に新しい仕事を振られる一方で、仕事が遅い社員は残業しても少ししか成果を上げられません。

その結果、仕事が速い社員に次の仕事が舞い込んでくるため、その社員は疲れ果て、最終的には手を抜くようになります。そして、仕事の遅い社員と同じレベルで働くようになり、モチベーションも低下していきます。

こうした状況を防ぐためには、チームで数値目標を持つことです。

受注数、売上、利益、成約数、企画書提出数など、どのような目標でもいいので具体的な数字で設定することが重要です。それを月ベース、週ベース、1日ベースに落とし込む。それで**今日やるべき仕事が明確になり、ノルマを達成できれば帰宅できる仕組みを作る**のです。「全力で取り組もう！」「今日も頑張ろう！」など抽象的な目標ではダメなのです。

チェーン店の居酒屋さんでは、どれだけお店が混んでいても、ラストオーダーの時間が近づくと、店員は必ずそれを知らせて注文を取りに来ます。お店が混雑していても、営業時間が決まっているので、それを超えて営業することはありません。店が営業終了時間を過ぎてしまうと、従業員のスケジュールが立たず、結果としてお客さんもいつまで開いているかわからない店には来なくなります。

会社も同じです。

以前は、長時間働くことが美徳とされてきましたが、これからは限られた時間で成果を出すことが求められる時代です。限られた時間とは定時までです。

定時が「会社のラストオーダー！」。

定時までに掲げた数値を達成することを目標にする。そうすることで社員は集中して仕事に取り組み、仕事が速い社員もやる気を維持しながら働くことができます。さらに、残業も回避することができるのです。

要領がいい人は、ただ時間を効率よく使うだけではありません。目標をしっかり設定し、目の前の仕事を確実にこなすことで、定時に帰ることを可能にしています。

第7章

要領磨きの前に自己管理

Quick on the uptake

01

健康管理は最強の武器！要領がいい人が実践する心を整える習慣とは？

優先順位を決めたり、効率よく時間を使ったり、タスクを細かく分けて進めたりと、要領がいい方法はいくつもあります。

しかし、最高のパフォーマンスを発揮するためには、心と身体の健康が欠かせません。健康をおろそかにすると、生産性や集中力が落ちて、仕事に悪い影響が出てしまいます。

定期的に運動をし、しっかりと睡眠をとる人は、そうでない人に比べてパフォーマンスが上がり、判断力もよくなることが、多くの研究で示されています。

「今は忙しいから」と健康管理を後回しにすると、運動をしなくなったり、食生活が乱れたり、睡眠不足になったりします。短期的には時間を節約できるように感じますが、長期的には身体に負担がかかり、病気や慢性的な疲労を招いて、結果的に仕事の効率が大きく下がってしまいます。

健康管理には、「心の健康」も含まれます。

私自身は、身体よりも心の健康のほうが大切だと考えています。ストレスがたまると免疫力が低下し、不安から消化器系の病気になることもあり、心の状態は身体にも影響を与えるからです。

心をリフレッシュするためには、マインドフルネスがおすすめです。マインドフルネスはグーグルやアップル、インテルなどの外資系企業だけでなく、日立製作所やトヨタ自動車、大和証券グループなど、多くの企業でも取り入れられています。

マインドフルネスとは、「今この瞬間」に意識を集中させて、その瞬間に起きていることをそのまま受け入れることを言います。仏教の瞑想から発展したもので、リラックス効果やストレス軽減、集中力の向上、感情を客観的に見ることで気持ちをコントロールしやすくなり、心の安定や満足感を高める効果があると言われています。

グーグルでは、2007年から社員研修の一環として、マインドフルネスを取り入れています。その結果、以下の効果が確認されました。（参加者6100人を対象に調査）

注意力の向上	注意散漫だった人のうち、集中力を取り戻した人	52%→72%に増加
ストレス対処力の向上	ストレスにうまく対処する力がついた人	46%→71%に増加
精神的回復力の向上	逆境から立ち直れるようになった人	43%→61%に増加
問題解決力の向上	困難な課題に前向きに取り組めるようになった人	58%→71%に増加

このように、社員の生産性が向上して、チームワークやコミュニケーションもスムーズ

になったと報告されています。

マインドフルネスの基本的な方法は、以下のようなものです。

①椅子に座り、目を閉じて呼吸に集中する

②雑念が浮かんできたら、それを否定せずに受け入れ、再び呼吸に意識を戻す

③これを毎日5分から30分ほど繰り返す

しかし、すすめておきながら実は、私はマインドフルネスが苦手です。集中しようとしても雑念が入り、心配事があるとそのことばかり考えてしまい、逆にストレスを感じて長続きしませんでした。そこで、食事中はテレビを観ず、食材の食感・味・香りに集中する、時間を気にせず人気ドラマの最終回まで一気に観るなど、**「今この瞬間」に集中することを意識しました。それだけでも、心のバランスを取り戻すことができた**のです。

マイクロソフト創業者のビル・ゲイツとアマゾンの創業者ジェフ・ベゾスは、毎晩自分で皿洗いをすると話しています。ベゾスは皿洗いを「最もセクシーな仕事のひとつ」と語っています。激務の2人がなぜ皿洗いをするのか。無心で皿洗いをすることで、瞑想状態になり、リラックスし、心を落ち着かせる時間にしているのかもしれません。

02

Quick on the uptake

限界なら無理をしない！心と身体を守るための辞め方のススメ

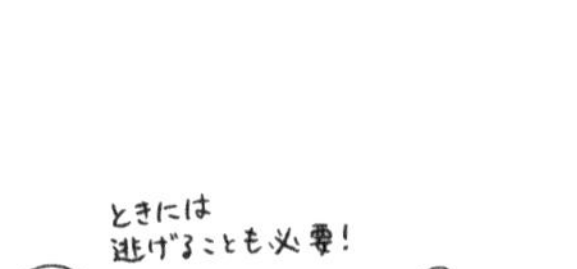

先日、精神科医、樺沢紫苑先生のユーチューブ番組にゲスト出演しました。樺沢先生は著書累計250万部超のベストセラー作家で、私にとっては大切なメンターのひとりです。番組で対談した際に、先述した「1年後の今日、会社を辞める」と決めた瞬間、気持ちが軽くなったことを次のようにお話ししました。

「1年後の今日辞めるって決めたら、効率的に最短ルートを計画するようになりました。それまでは無計画に得意先を回っていたんですが、足立区、新宿区、中央区みたいにエリアごとにまとめるようにしたんです。

午後から車を使っていたけど、渋滞が多いから、明日は時間をずらして混んでいない時間帯を調べようとか。それに、朝礼や打ち合わせが長すぎて、早く会社を出られたら、もっとお客様のところに行けるのになぁって思っていました。独立したら、社内の無駄な時間を減らして、お客様と過ごす時間を増やそうって思ったんです。

毎日、昨日の自分に勝つと目標を立てて、昨日より多くのお客様を回れたら、ご褒美に濃い目のハイボールを飲もうとか、万歩計を付けて歩数でも昨日の自分と勝負しようって楽しんでいました。

こんなふうに、会社からお金をもらいながら学ばせてもらっているんだって思って働いていたら、いつの間にか会社がイヤじゃなくなっていました。あなたも1年後の今日、会社を辞めると決めて働いてみてください」と。

後日、コメントを読み返してみると、ほとんどが好意的なものでしたが、中には「どうせあなたは勝ち組だからできたんでしょ」「あなたにはそれをやれるメンタルがあったから」、そして「自分はもう会社に行く気力がないんです」というコメントもありました。

その通りです。配信では一言付け加えるのを忘れていました。

それは、**もし会社に限界を感じ、心が折れそうなら無理に行く必要はない**という一言です。

あなたも、以下のような症状が起こることがあれば、「休養を取る」「趣味を楽しむ」「好きなことに没頭する」こと。2週間以上続くようなら、ひとりで抱え込まずに「信頼できる人に相談する」「専門家に相談する」などの対策を取ることが大切です。

慢性的な疲労感	十分に寝ても疲れが取れず、だるさが続く。
集中力や記憶力の低下	本を読んでいても内容が頭に入らない、仕事の細かいミスが増える。
些細なことへの無関心	以前楽しんでいた趣味に興味がわかず、やる気が出なくなる。
食欲の変化	食欲が急になくなる、逆に過食気味になる。
睡眠の乱れ	寝つけない、途中で目が覚める、または異常に寝すぎてしまう。

気分の落ち込みやイライラ	理由もなく気分が沈む日が続く。ちょっとしたことでイライラする。
自己評価の低下	「自分はダメだ」「誰の役にも立っていない」と感じる。
身体の不調が続く	頭痛、胃痛、肩こりなどの原因不明の身体症状が現れる。
社会的なつながりを避ける	人との関わりが億劫になり、連絡を取るのを避けるようになる。
決断力の低下	簡単なことでも決められず、先延ばしにしてしまう。
焦燥感や不安感	常に落ち着かず、不安な気持ちが続く。
楽しみを感じられない	楽しいと感じる瞬間が少なくなり、心から笑えなくなる。

自覚がないまま放置すると、深刻な鬱状態に進行する可能性があります。また、あなたにこのような症状がなくても職場の仲間、そして大切にしている人、家族がこのような症状になっている場合は、見逃さないでください。

まさに、「もう限界！」と感じたら逃げる。転職、副業の時代であなたを必要としている会社は多くあります。会社の平均寿命は約23年、人生は100年、この会社に骨をうずめようと思っても会社がなくなる可能性もあります。絶望感、空虚感、不眠、食欲減退、朝布団から出られない、そんな症状が続いたら、今すぐ辞める。日本は社会保障も充実しています。心を壊してまで働き続ける必要はないのです。

Quick on the uptake

03

睡眠不足の人は自分のミスに気づかない！成果は眠らなければ上がらない

早起きを続けるコツは、気合でも根性でもありません。充分な睡眠です。

早起きに限らず、仕事のパフォーマンスも同じです。**睡眠時間を削ってまで働いても充分な力は発揮できません**。

ペンシルベニア大学とワシントン州立大学の共同研究チームが行った睡眠時間に関する実験があります。普段7～8時間の睡眠をとる健康的な48人の男女が集められ、「8時間睡眠」と「6時間睡眠」の2つのグループに分けて、14日間の実験が行われました。

8時間眠ったグループは、認知機能の低下や、注意力の減退、あるいは運動能力の低下は見られませんでした。一方、6時間しか眠らなかったグループの認知能力は、日を追うごとに低下し、14日後には、連続2日間徹夜した人と同レベルにまで低下したのです。

つまり、睡眠時間を削って6時間睡眠を続けていると、2日徹夜している人と同程度のパフォーマンスになるということです。集中力や判断力、記憶力、論理的推論能力など、仕事や勉強をするうえで重要な機能が失われていくのです。

普段はもちろん、大事な商談や試験日の前日は、なおさら睡眠が大事なのです。

質の高い睡眠をとるには、自分がご機嫌になれる快眠グッズを使うのが効果的です。音や光を整えるためのアイマスクや耳栓、朝日を再現する目覚ましライト。リラックス効果のあるアロマの香りを楽しんだり、枕や布団にピローミストを吹きかけるのもおすすめです。また、寝室の環境を整えるために加湿器や空気清浄機を置くと快適に眠れます。

私は、会社帰りに温泉や岩盤浴で体の疲れをとるようにしています。寝るときは歯ぎしり防止のためにマウスピースをつけ、花粉症の時期には鼻腔拡張テープで呼吸を楽にしています。目が疲れているときには、目の周りを温める使い捨てアイマスクを使ってリラックスしています。基本的には抱き枕を使っていますが、暑い日は冷却抱き枕を抱いて寝ています。耳栓は自分には合わないので、環境音楽を流しながら眠ります。

「接触頻度の高いものにお金をかけることが幸福につながる」というのが私の持論です。例えば、週末しか乗らない車よりも、毎日使う会社のイスにお金をかける。スーツやネクタイよりも、毎日つけるメガネや香水にこだわる。寝具も同じです。毎日眠るものだからこそ、枕やマットレス、掛布団にはしっかりとお金をかけています。特に枕は、自分の頭や首に合うようにオーダーメイドで作りました。

質の高い睡眠をとることで、脳は日中に受け取った情報を整理し、記憶を強化し、翌日のパフォーマンスを最大限に引き出す準備を整えます。

逆に、睡眠が不足すると、脳はこの重要なプロセスを充分に行えず、結果として注意力や判断力が低下し、ミスが増えることになります。せっかく睡眠時間を削り、気合と根性で働いても、かえってパフォーマンスの落ちる効率の悪い選択をしているのです。

さらに恐ろしいことがあります。睡眠が不足すると、判断力や反応速度が鈍くなっているのに**自分自身では「まだ大丈夫」と思い込み、無理を重ねてしまう**のです。**本人がミスをしていることに気づいていない**、そして大きなミスを犯す危険性が高まります。

要領がいい人は、睡眠不足を避け、休息を確保し、効率的に仕事を進めます。**長時間働くことが重要ではなく、質の高い睡眠を確保し、集中して仕事に取り組むことが重要**なのです。そのために必要な休息を取る。

睡眠の重要性を知るメジャーリーガーの大谷翔平選手は、睡眠を理由にワールド・ベースボール・クラシックで共に戦った友人ヌートバー選手の食事の誘いを断りました。また「1日に1時間が増えたら何をする?」との記者の問いに、「睡眠時間を増やしたい。1時間増えるだけで、起きている時間のクオリティが上がる」と即答しています。

要領よく効率的に働くためには、まずは睡眠を確保する。仕事で成果を上げるために、充分な睡眠を取ることが必須の条件なのです。

Quick on the uptake

04

運動が脳を覚醒させる！ 10秒でできる 簡単運動術

仕事で成功するために必要なものは何でしょうか？　スキル、知識、経験、これらは当然重要ですが、実はそれ以上に重要なものがあります。

それは「身体のコンディション」です。特に、運動は欠かせない習慣です。


アンデシュ・ハンセンの著書『運動脳』（サンマーク出版）によれば、運動は脳の機能を劇的に向上させます。運動をすることで、記憶力、集中力、そして創造性が飛躍的に高まり、生産性を維持しながら、短時間で高い成果を上げる。

逆に、運動不足は脳のパフォーマンスを低下させ、意思決定力や問題解決能力が鈍る。さらに運動不足の人は疲れやすく、ストレス耐性が低く、結果として、効率が悪くなる傾向があると伝えています。

このように定期的な運動は、脳の機能向上だけでなく、ストレスを軽減し、心理的な健康を維持する手段なのです。


要領が悪い人は、よく「忙しい」ことを理由に運動を避けます。しかし、これは「ニワトリが先か、卵が先か」のような問題です。要領が悪いから運動する時間がないのか、それとも運動しないから要領よく動けないのか、という葛藤に陥ってしまいます。

そういう私も忙しいと言い訳をしてスポーツジムに通えないときがあり、そうなると悪循環に陥ります。

無理してでもジムに行くのが理想ですが、行けないときは、私が取り入れている仕事の合間にできる「10秒〜1分で完了する簡単な運動」をおすすめします。

ネックストレッチ　首を左右にゆっくり倒して、各方向で10秒間キープする
深呼吸と腕伸ばし　両腕を上に伸ばしながら深呼吸する
チェアスクワット　椅子から立ち上がり、ゆっくり座る動作を10回繰り返す
カーフレイズ　立った状態で、つま先立ちを繰り返す
肩回し　肩を前後にゆっくり回す。各方向10回ずつ行い、肩の緊張をほぐす
ツイスト　椅子に座ったまま身体を左右にひねる
目の運動　遠くを10秒間見つめ、次に近くを10秒間見つめる動作を3回繰り返す

どの方法も簡単に行えます。しかし、意識しないと忘れてしまいます。そのため、いつ

もの習慣とセットで行うのがキモです。

例えば、コーヒーを飲む前、ランチを食べた後、お手洗いに行く前後など、必ず行う習慣の前後にすることで忘れずに実行することができます。

また「やることノート」に記入しておく。例えば11．運動①、12．運動②、13．運動③……とノートに書いておくことで絶対に忘れません。前述したように運動は「R」と書いています。忘れないというより書いているので覚えている必要もありません。

疲れたとき、リフレッシュしたいとき、ノートを見て気づいたときなどに運動をして、終われば番号に赤丸をつける。達成感も満たされ一石二鳥です。

私は期限を決めて仕事をしているので、仕事と仕事の合間のスキマ時間を利用して、運動をしています。オフィスで空いた時間に少しずつ運動するだけでも効果があります。

できれば週に1回でもゆっくり運動することをおすすめします。定期的な運動は、生活習慣病の予防や心臓病のリスクを減らすのにも効果的です。健康を損なうとビジネスでの成功も続けにくくなるので、運動は大切です。

成功するために必要なスキルや知識を磨くことは重要ですが、まずは自分自身の身体を最高の状態に保つことが、真の成功への鍵になるのです。

Quick on the uptake

05

要領がいい人がやっている！「空腹」を活かした集中力アップ術

要領がいい人の中には、昼食を抜いたり、炭水化物や糖質を控えたりして仕事をしている人がいます。

これは、「空腹状態」を意図的に作っているのです。空腹になるとグレリンというホルモンが分泌されます。グレリンが増えると、記憶力や集中力がアップすると言われています。また、アドレナリンも分泌されやすくなり、注意力や反応速度が高まる効果があります。

余談ですが、私は「アドレナリン」という言葉を聴くだけで、「闘争」「覚醒」「全集中」「戦うエネルギーチャージ」などをイメージし、やる気が湧いてきます。

一方で、満腹まで食べると、特に炭水化物や糖質が多い食事をとった場合、血糖値が急激に上がり、集中力や頭の働きが鈍くなることがあります。

食後に眠くなるのは、消化のために血流が消化器官に集まり、脳への血流が一時的に減るからです。大事なプレゼンや会議の前は、軽めの食事にしたり、あえて空腹を維持したりすることで、頭がスッキリして集中力を保つことができます。

それでも、お腹が空くと「考えがまとまらない」「やる気が出ない」という人もいます。

そういう場合は、無理をする必要はありません。ただ、食べすぎにだけ気をつけましょう。一口で30回噛むことを意識すると消化によく少ない量で満足できます。

食べすぎると集中力が散漫になるのはわかっていても、飲み会の翌日など、どうしても「お腹いっぱい食べたい」とか「ラーメンに半チャーハンをつけたい」と思うことがあります。そんなとき、ランチメニューは「条件つきご褒美」にします。

例えば、午前中に優先順位の高い仕事を終わらせる条件をクリアしたら満腹まで食べる。3日間も先延ばしにしていた面倒な仕事に取り組み2時間集中できたら半チャーハンをつける、といった具合です。

お腹が満たされた午後は、書類整理や片づけ、メールチェックなど軽い作業をします。その後、満腹感が落ち着いて消化が進んだら、また難しい仕事に取りかかります。たまにはゲーム感覚で、ランチをご褒美にして、午前中、仕事に集中するのも楽しい方法です。

私は朝食抜きなので、前日の夜に少なめに食べたときは、午前中空腹に耐えられないことがあります。そのせいでイライラし、ストレスがたまり、パフォーマンスが落ちそうになります。そんなときは、ナッツやカカオ70%以上のチョコレートを食べたり、甘酒やヤクルトを飲んだりして空腹を満たしています。

要領がいい人は、空腹と満腹のバランスを上手にコントロールし、自身のパフォーマンスを最大に引き出します。前述した出版編集者の箕輪氏、「基本的に集中してやろうと思ったら、昼ごはんを食べると血糖値が上がってやる気がなくなるので、昼食は抜いている」と言っています。故スティーブ・ジョブズ氏も、数日間断食した後、野菜と水を摂取する、リンゴやサラダなどを食べるなどの食事で、空腹を保つことで創造的な思考を維持していたと言われています。

狩猟時代では、食料を得るためには狩りを成功させることが必須でした。まさに狩りは命がけの仕事です。このとき、**空腹状態は、生存のために必要な集中力や問題解決能力を引き出すための適応的な反応だった**と考えられています。

ストレス発散、気分転換、リフレッシュのために、弁当にカップラーメン、外食では大盛りを頼んでいる人は、まずは腹八分に抑えてみませんか？

Quick on the uptake

06

SNSの罠にハマるな！
自己成長のカギは
昨日の「〇〇」との勝負

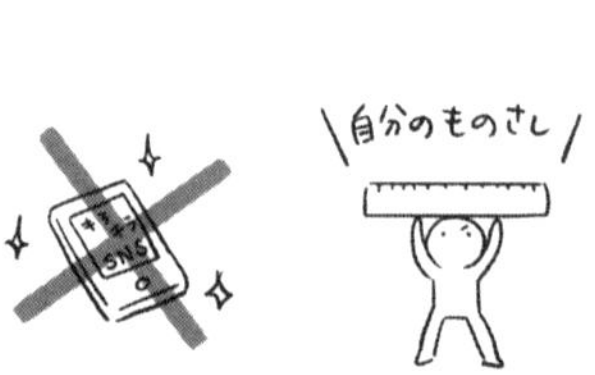

要領がいい人が成功する理由のひとつは、他人との比較にとらわれず、自分自身の成長にフォーカスしているからです。

多くの人は、他人と自分を比べることで競争心を刺激される一方で、無力感や劣等感を抱いてしまいます。どれだけ努力しても、常に上には上がいるため、満足感を得ることができません。

要領がいい人は、この無限に続く比較の罠に陥ることなく、過去の自分と向き合い、そこから成長のヒントを得ているのです。

本当の自己成長とは、「昨日の自分」と比べることです。

SNSの普及により他人の成功や幸せが簡単に目にとまる時代になりました。多くの人が他人の華やかな生活を目にして、羨ましく思ってしまいます。そして、自分の現状に不満を抱く。しかし、SNSはほとんどが虚構、他人の「魅せたい部分」を見ているだけです。

毎日毎晩、お寿司を食べたり、銀座で豪遊したり、ドバイに旅行に行っているわけではありません。たまに贅沢した瞬間を投稿しているだけです。たった1日の快楽を100人が投稿しても100の投稿を目にしてしまいます。それを自分の現実と比較するのは意味がなく、むしろ心の疲れを引き起こすだけです。

心理学者アルバート・バンデューラ氏の研究によれば、自己効力感が低い人ほど、他人との比較で自分の価値を測り、その結果、無駄なプレッシャーを自分にかけ、成長の機会を逃してしまうそうです。

一方で、要領がいい人は、成長の基準は他人ではなく、過去の自分に置いています。過去の自分と比較することで現実的で持続可能な成長を実感できます。これは自己効力感を高めるためにも非常に有効です。たとえ小さな成長でも積み重ねていくと、やがて大きな成果へとつながります。この積み重ねが、さらなる挑戦へのモチベーションを生み出し、自己効力感を高めていくのです。

過去の自分と比べ、少しでも成長した部分を見つけたら、それを認めて自分を褒める。

自己承認は、モチベーションを維持するために欠かせない要素です。

会社でも成果を出すためには、まず自分を信じることが必要です。自己承認がないと努力が報われていないと感じてしまい、モチベーションが低下する原因となります。

要領がいい人は、たとえ小さな成長でも、それを自分で見つけ、自分を褒めることで、自己成長のプロセスがスムーズに進んでいきます。

私は、年始に自己成長の目標を書き、毎日それを眺めています。書きたい本の企画案やユーチューブチャンネルの目標登録者数、メルマガのフォロワー数、会社の売上や利益目標、血圧や体重、ウエストの管理、観たい映画、読みたい本など、すべてが他人との比較ではなく、昨日の自分との闘いです。

他人との比較ではなく、昨日の自分と向き合い、少しでも進歩した点を大事にする。他人との比較は、無限に続く競争で、終わりがないために疲れてしまいます。しかし、過去の自分と比較することで、確実な成長を実感できるようになります。

毎日少しずつ成長している自分を見つけ、それを認めることで、ビジネスにおいても人生においても、大きな成功を手に入れることができるのです。これこそが、要領がいい人が実践している真の自己成長の秘訣です。

このような考え方を持つと、日々の挑戦にも前向きに取り組むことができ、最終的には大きな成果を得ることができます。

おわりに

最後までお読みいただき、ありがとうございます。

「要領がいい人」と聞いて、マイナスなイメージを持つ人が多いかもしれません。

しかし、要領がいい人とは、「手を抜く」「ずる賢い」「責任感がない」という意味ではありません。

他の人が8時間かかるところを6時間で終わらせる。

無駄な仕事に時間をかけずに、優先順位の高い仕事に注力する。

会議やメールの時間を短くして、やり取りをスムーズに進めることができる。

このように限られた時間を効率的に使うことによって、最小の時間で最大の効果を生み出す人たちのことなのです。

時間を要領よく使う理由は、単に「早く終わらせてラクをする」ためではありません。

むしろ、時間を効率的に使うことで、プライベートな時間を充実させ、家族や友人との時間を楽しみ、自分の趣味や勉強の時間を確保する。これらは、すべて要領よく時間を使うからこそ実現できるのです。

時間は誰にとっても平等で1日24時間です。増やすことも減らすこともできません。

そして「時間は命」なのです。

仮に平均寿命の80年を生きるとしたら、

80年×24時間×365日＝700800時間。

これが、あなたの命を数値化した時間です。残り40年なら350400時間。10年なら87600時間。命である時間は二度と戻ってきません。

その貴重な時間をどう使うかを意識している人こそが、真の「要領がいい人」なのです。

そのような要領がいい人に共通している習慣に「勉強」があります。

ここでいう勉強とは、資格試験やリスキリング、読書、セミナー受講、ユーチューブの視聴による学びも含まれます。

一見すると、忙しいビジネスパーソンは勉強する時間なんてないと思うかもしれません。しかし、**勉強することこそが要領がいい人の核心なのです**。

勉強を通じて得られる知識は、**人生のあらゆる場面で「知識の貯金」として機能します**。例えば、問題解決の場面で新しい視点が必要なとき、過去に読んだ本の内容が突然頭に浮かび、解決策を見つける手助けをしてくれることがあります。また、研修や勉強会、異業種交流会などを通じて広がった人脈やコミュニティも、ビジネスにおいて大きな力になります。

知識や情報を積極的に蓄えることによって、さまざまな状況において迅速かつ適切な判断を下すことができるのです。

知識を持っている人は問題解決能力が高いだけでなく、未知の問題にも柔軟に対応できるという研究結果が出ています。この「知識の貯金」は、まさに要領のよさを支える重要な要素で、そのために日々の勉強が不可欠なのです。

要領がいい人は、常に学びの姿勢を持ち続けています。

自分には知らないことが多いという謙虚な認識を持ち、常に自己研鑽を怠りません。この「学びの習慣」が、人を成長させます。

スタンフォード大学のキャロル・ドゥエック氏が提唱した「成長マインドセット」。成長マインドセットとは、「自分の才能や能力は、経験や努力によって向上できる」という考え方のことです。

勉強で得た知識は、他の人に教えることで、より記憶の定着に繋がります。よく「生徒よりも先生が一番勉強になる」と言われるように、知識を確実に身につけたいなら、誰かに教えるのが一番です。会社でも、上司、部下、先輩、後輩、関係なく社員同士が教え合うことは、教わる側だけでなく、教える側にも大きな学びになるのです。

教員だった亡き父は、「リンゴは誰かに渡してしまえば自分の手元からなくなるが、知識は伝えても相手と自分の両方に残る」とよく言っていたものです。

実は、要領のよさの中でも、「論理的思考力」「分析力」「問題解決能力」「決断力」などは一朝一夕で身につくものではありません。日々の学びの積み重ねが、やがて大きな差を生むのです。

ビジネスで成功するためには、常に新しい知識を吸収し、それを実践に活かすことが求められます。

要領がいい人を目指すなら、勉強を習慣化し、知識を身につける努力が必要です。それが、回り回ってあなたの生活を効率的かつ豊かにするための最良の手段です。

私の持論ですが、勉強こそが人生を変える最強、最速の手段だと信じています。社内で一目置かれるスペシャリストになる、好きな会社に転職する、副業する、起業する、すべて学び続けることで道は開けます。

要領よく世の中を渡っていると思っている人たちは、実は一番努力し学び続けている人たちなのです。自分自身を常にアップデートし、成長し続けることが重要です。

そして、この本を手に取って、行動に移しつつあるあなたも、すでにそのひとりといえるのです。

出版にあたりご協力いただいた方々に、この場を借りて御礼を申し上げます。

明日香出版社の皆様、そして編集担当の藤田知子さん。「初めての仕事でもソツなくこなす。ガムシャラに頑張っている感はないのに成果を上げる。愛想よく振る舞っている感じもないのにうまくキーパーソンの懐に潜り込んでいる。そんな仕事をムリなくこなし、敵もなく人間関係も良好で、ストレスなくスマートに仕事をしている（ように他人からは見える）人が、日々何に注意してどう行動しているのかを書いてください」と、無理難題な執筆依頼、ありがとうございます（笑）。お陰さまで、これまで出会ってきた要領がいい人たちを思い浮かべながら、私自身が要領よくこなしている日常の習慣も取り入れ、素晴らしい作品を作り上げることができました。本当にありがとうございます。

グリットコンサルティング代表の野口雄志社長、アレルド代表の細谷知司社長、いつも背中を押していただき、ありがとうございます。

田舎にいるお母さん。

いくつになっても健康に気づかい、応援してくれ、見守り、励まし、そして、どんなときでも最後まで味方でいてくれて、ありがとう。

真理、天聖、凜。いつもワイワイ楽しく過ごしてくれているので、みんなの笑顔を見ているだけで、執筆疲れも吹き飛び、楽しく過ごせているよ。執筆が終わったら海外旅行に行こう。

そして最後にもう一度。

この本を読んでくださったあなた。

この本に出会えてよかったと思っていただけたら、本当に嬉しいです！

石川和男

著者
石川和男（いしかわ・かずお）
建設会社総務経理担当部長を本業に、税理士、明治大学客員研究員、ビジネス書著者（本書が31冊目）、人材開発支援会社役員、一般社団法人 国際キャリア教育協会理事、時間管理コンサルタント、セミナー講師、出版塾主宰（受講者数250名）と９つの肩書きで複数の仕事を要領よくこなすスーパーサラリーマン。とはいえ、仕事漬けではなく、プライベートでもパーティーや会合に参加、家族との時間も大切にしている。
しかし、元々はダメダメなサラリーマン。夜間の定時制大学になんとかもぐりこみ、しかも留年。社会人になってからは、要領が悪く、連日深夜まで残業が当たり前の生活を送っていた。
そこで一念発起。年100冊ペースでビジネス書を読み、月１回セミナーに参加し、役立つ内容はノートに記録して実践。習慣化することで効率が大幅に上がり、要領よく仕事をこなせるようになり、プライベートも充実するようになる。
自身と同じく元々は仕事も勉強も苦手だった人に寄り添った個人コンサルティングやセミナーを多数手がけ、絶大な支持を得ている。
著書は累計35万部突破で、『仕事が速い人は、「これ」しかやらない』（PHP研究所）、『仕事が「速いリーダー」と「遅いリーダー」の習慣』（明日香出版社）、『Outlook最強の仕事術』（SBクリエイティブ）など。

要領がいい人が見えないところでやっている50のこと

2024年11月20日 初版発行

著者　石川和男
発行者　石野栄一
発行　明日香出版社
〒112-0005 東京都文京区水道2-11-5
電話 03-5395-7650
https://www.asuka-g.co.jp
カバーデザイン　大場君人
カバーイラスト　MaisonYuda
本文イラスト　末吉喜美
校正　共同制作社
印刷・製本　シナノ印刷株式会社

ISBN 978-4-7569-2365-3